This Book Belongs to

____

____

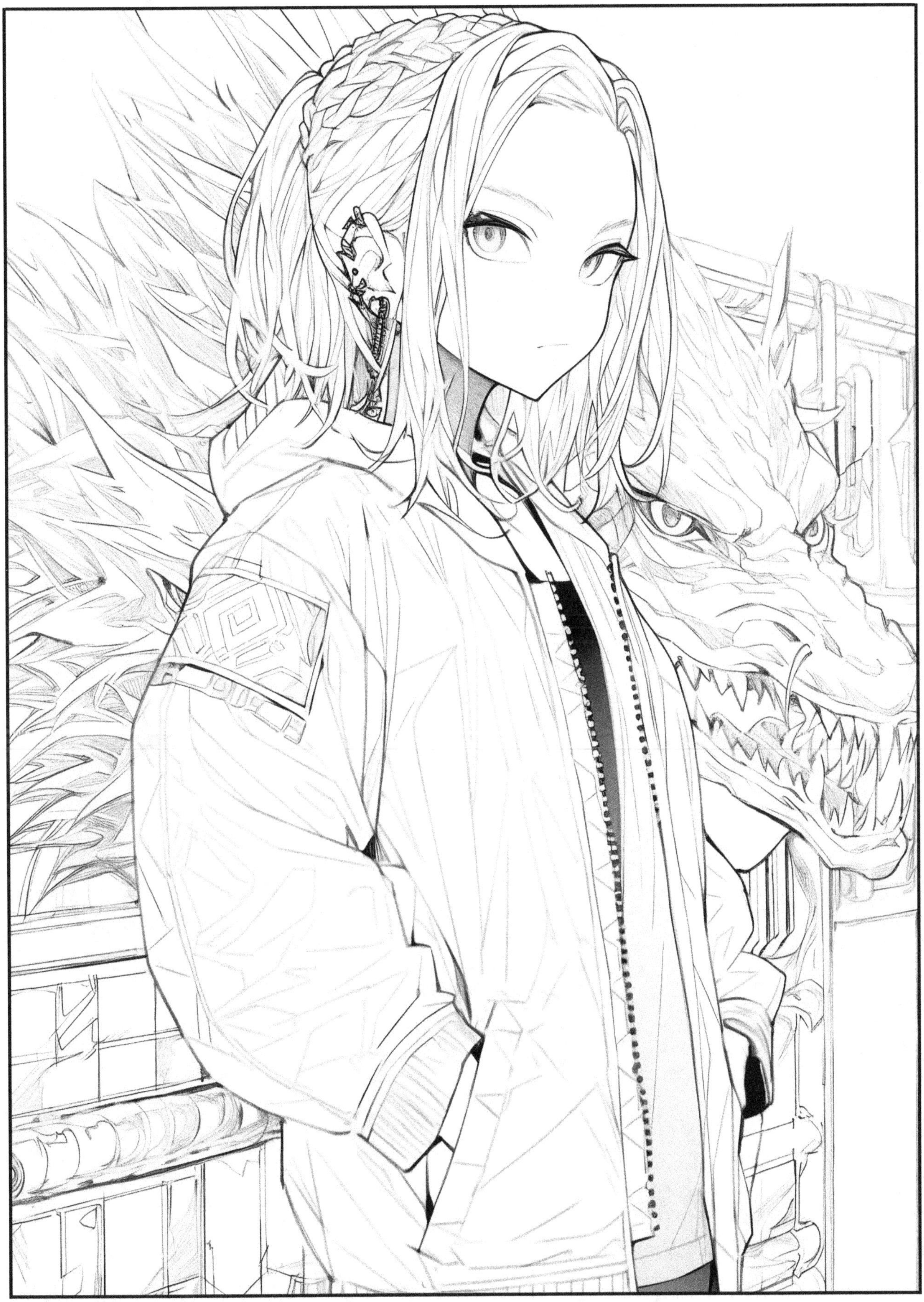

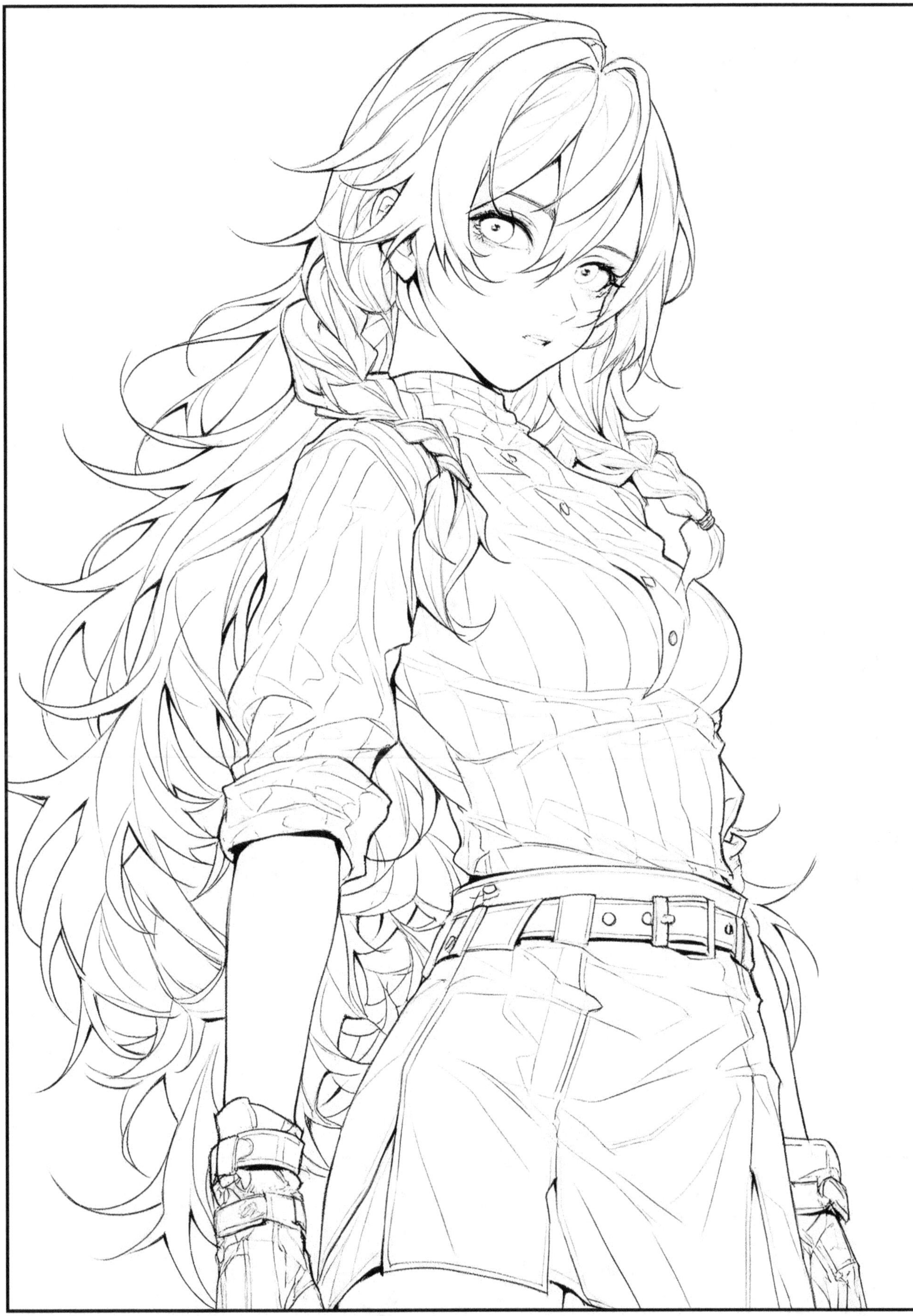

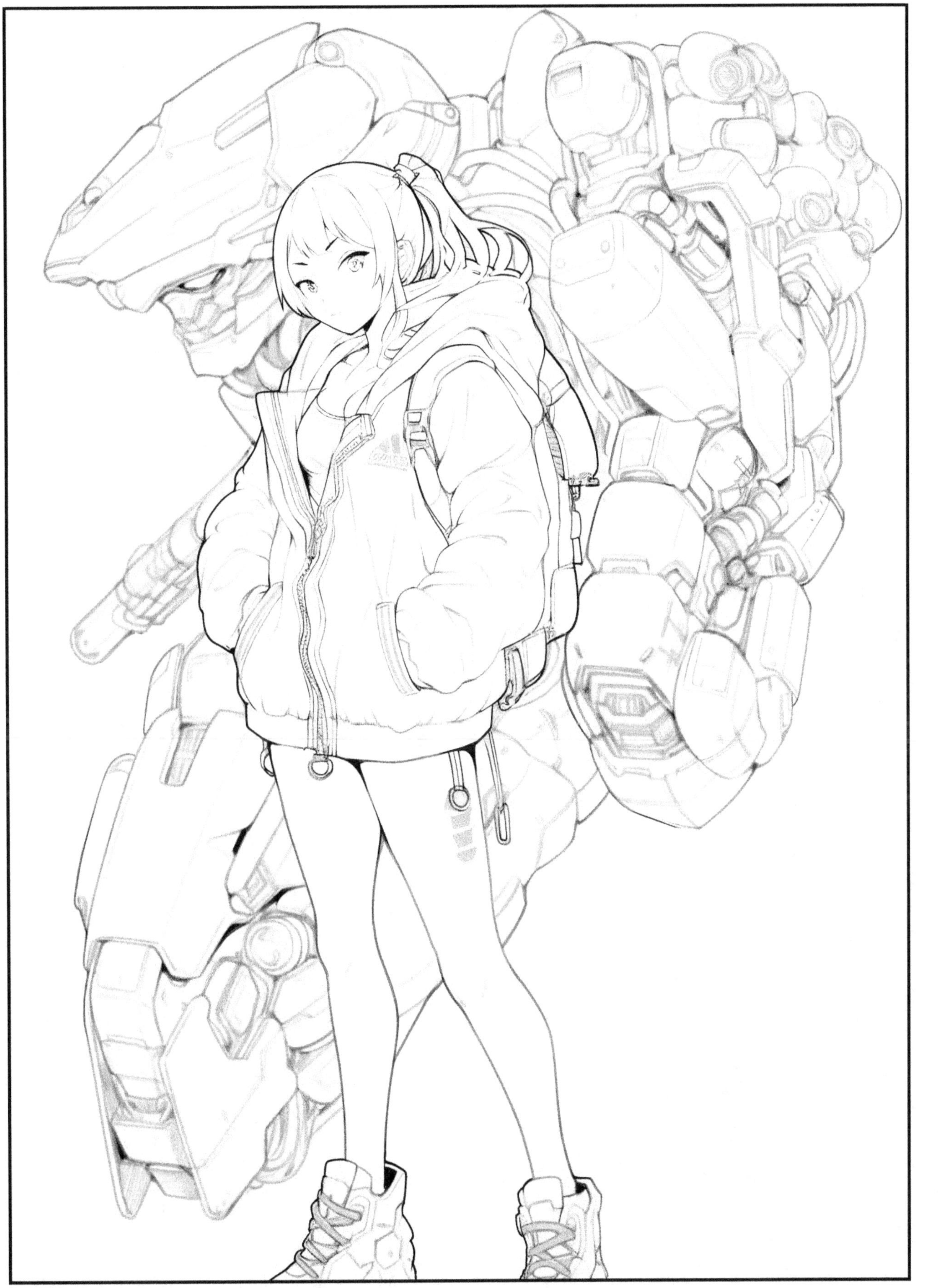

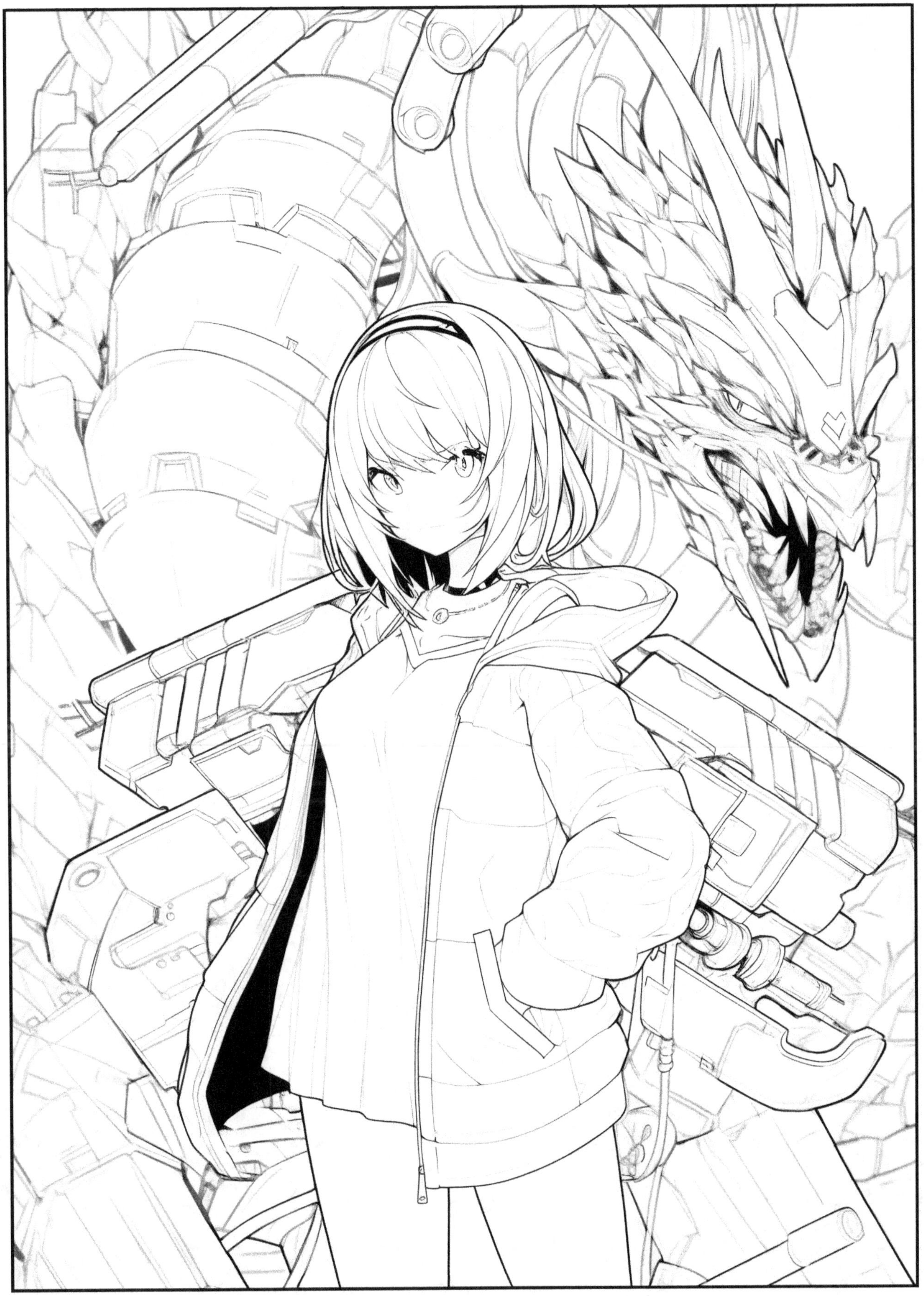

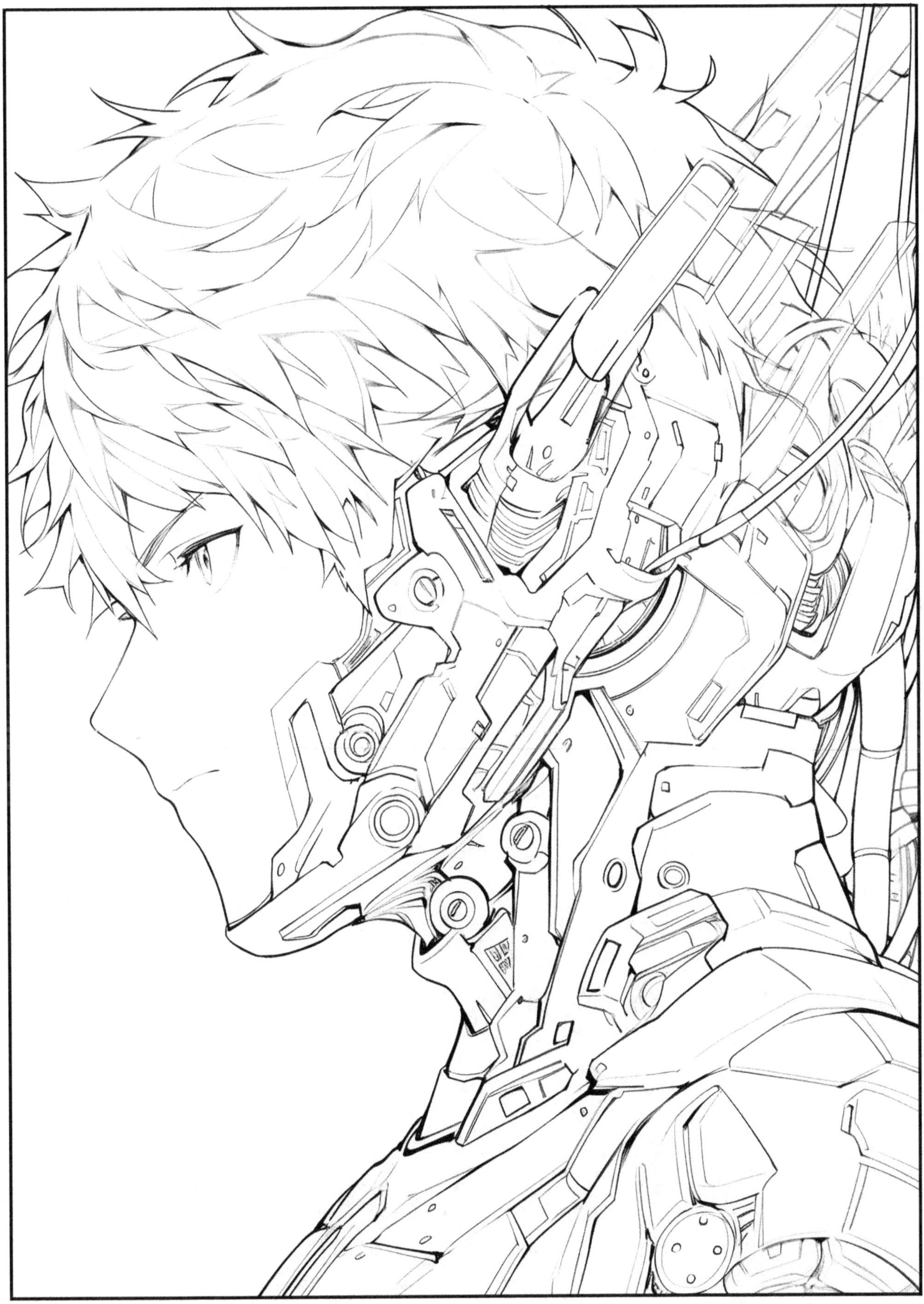

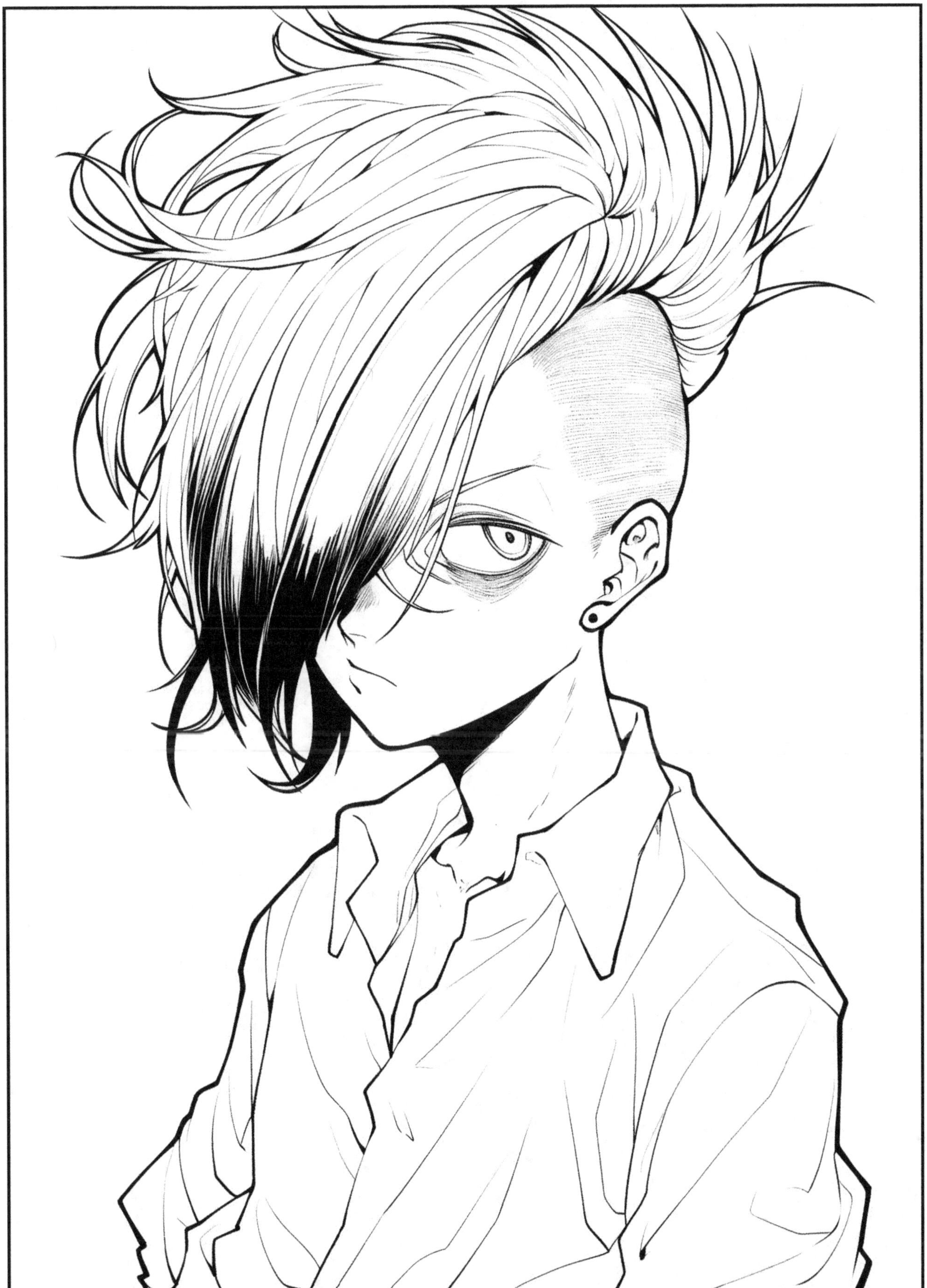

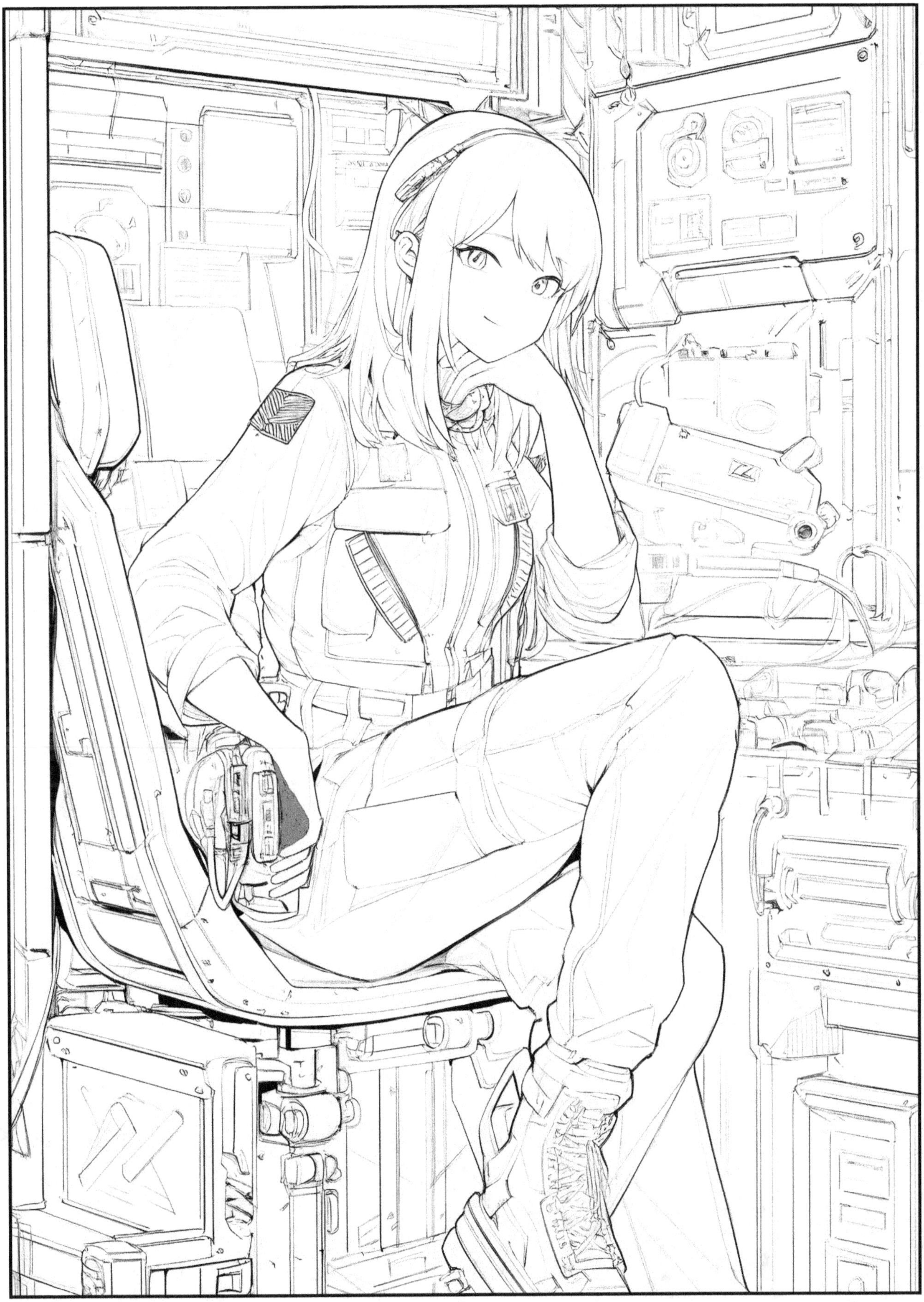

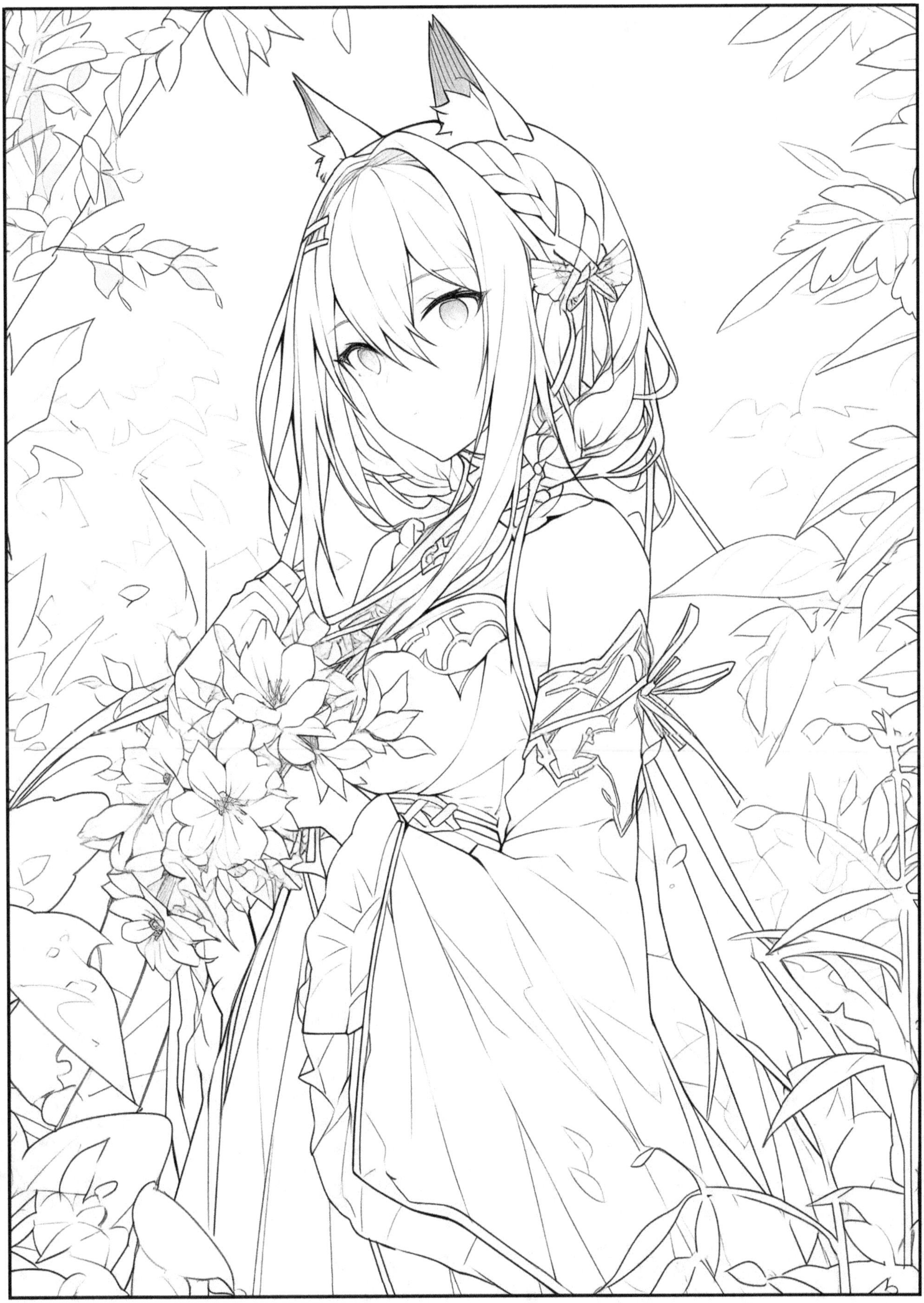

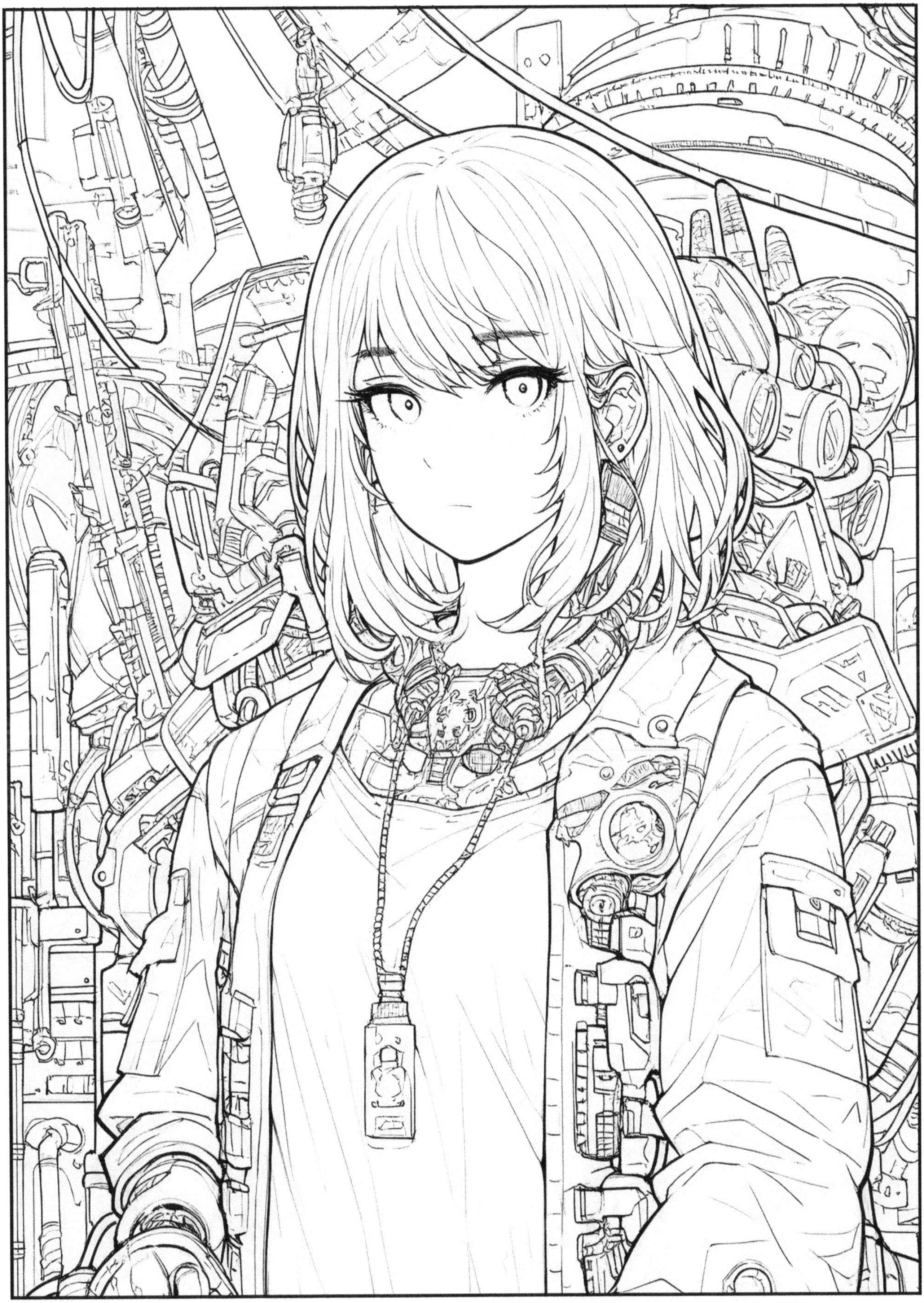

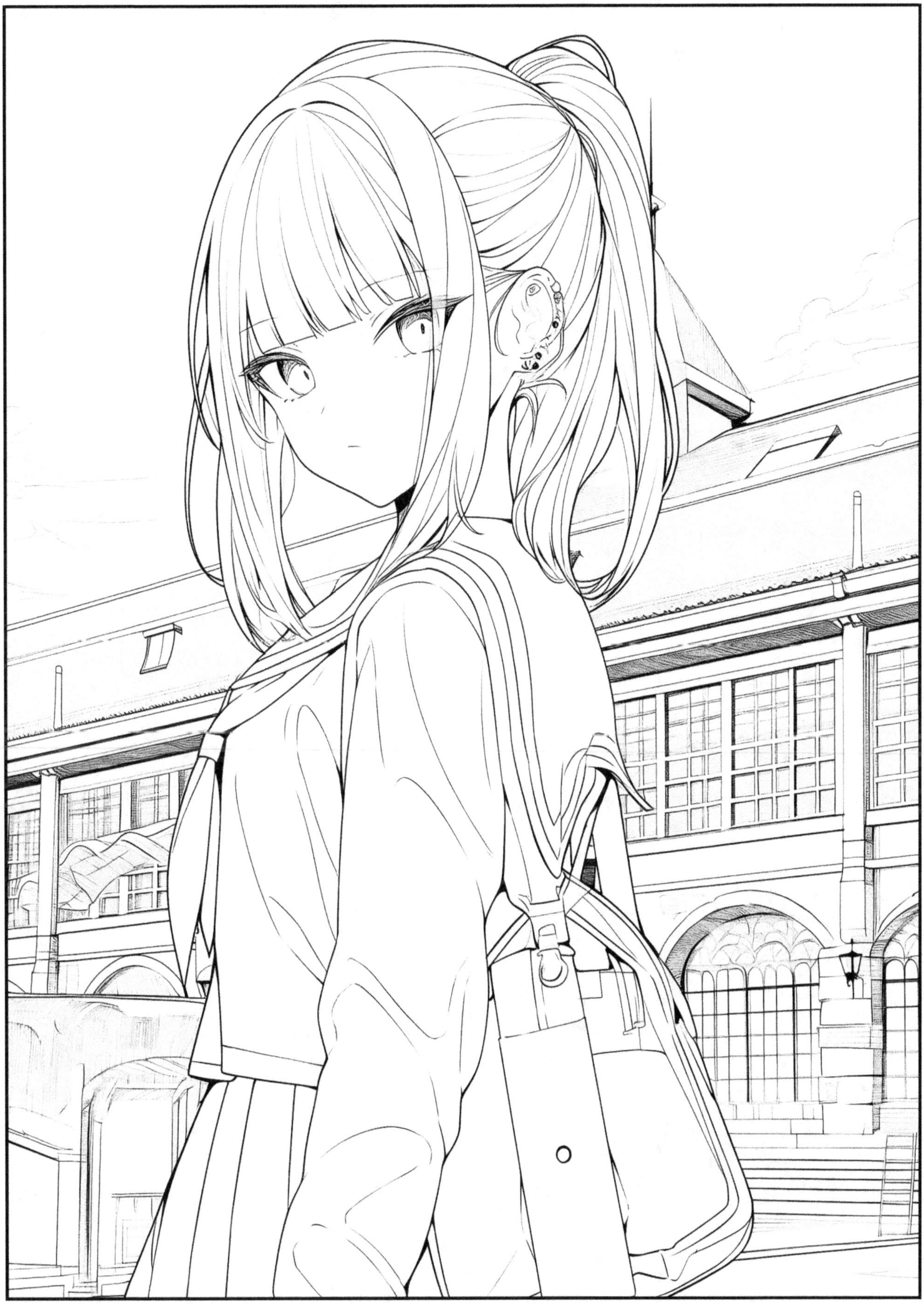

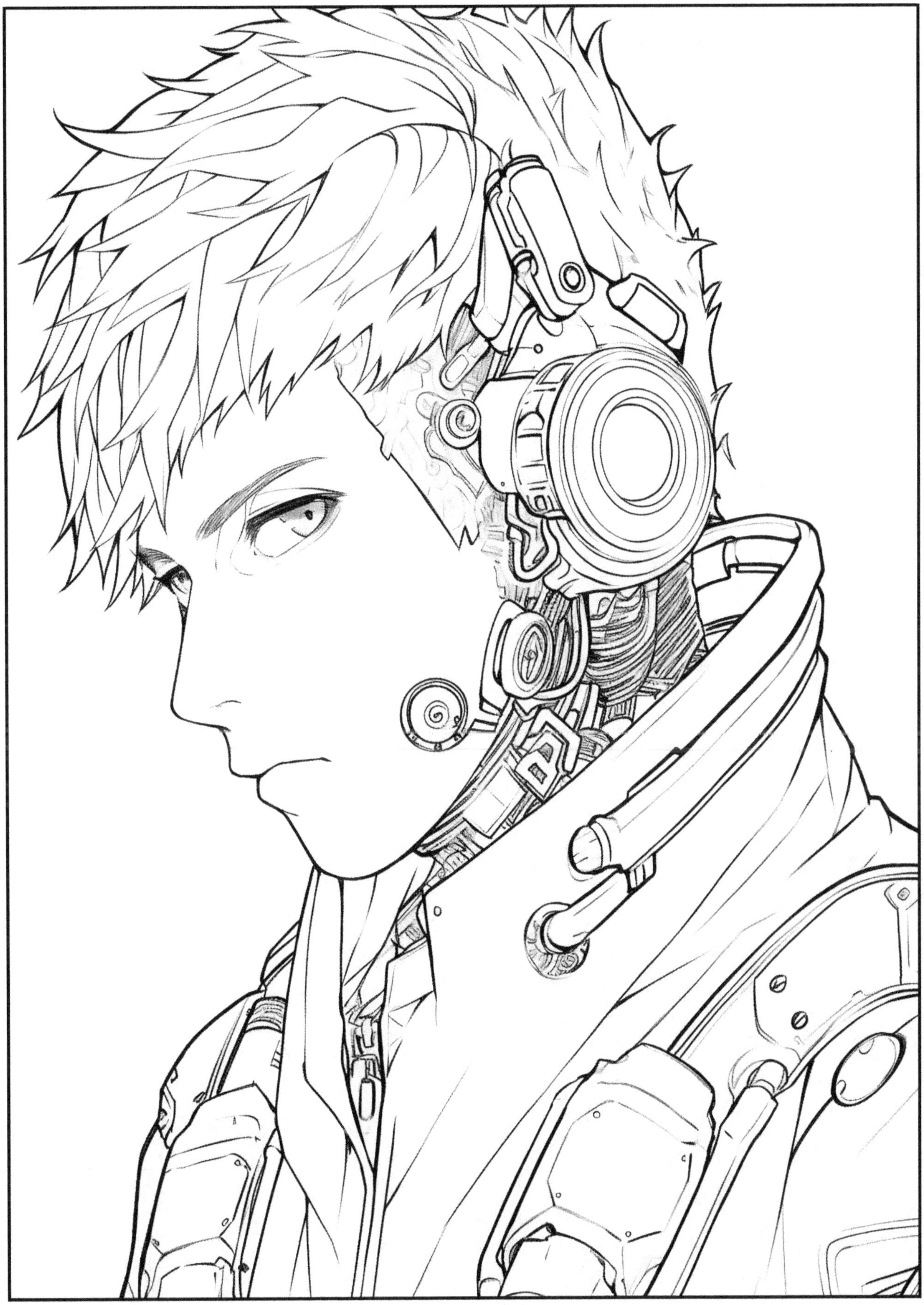

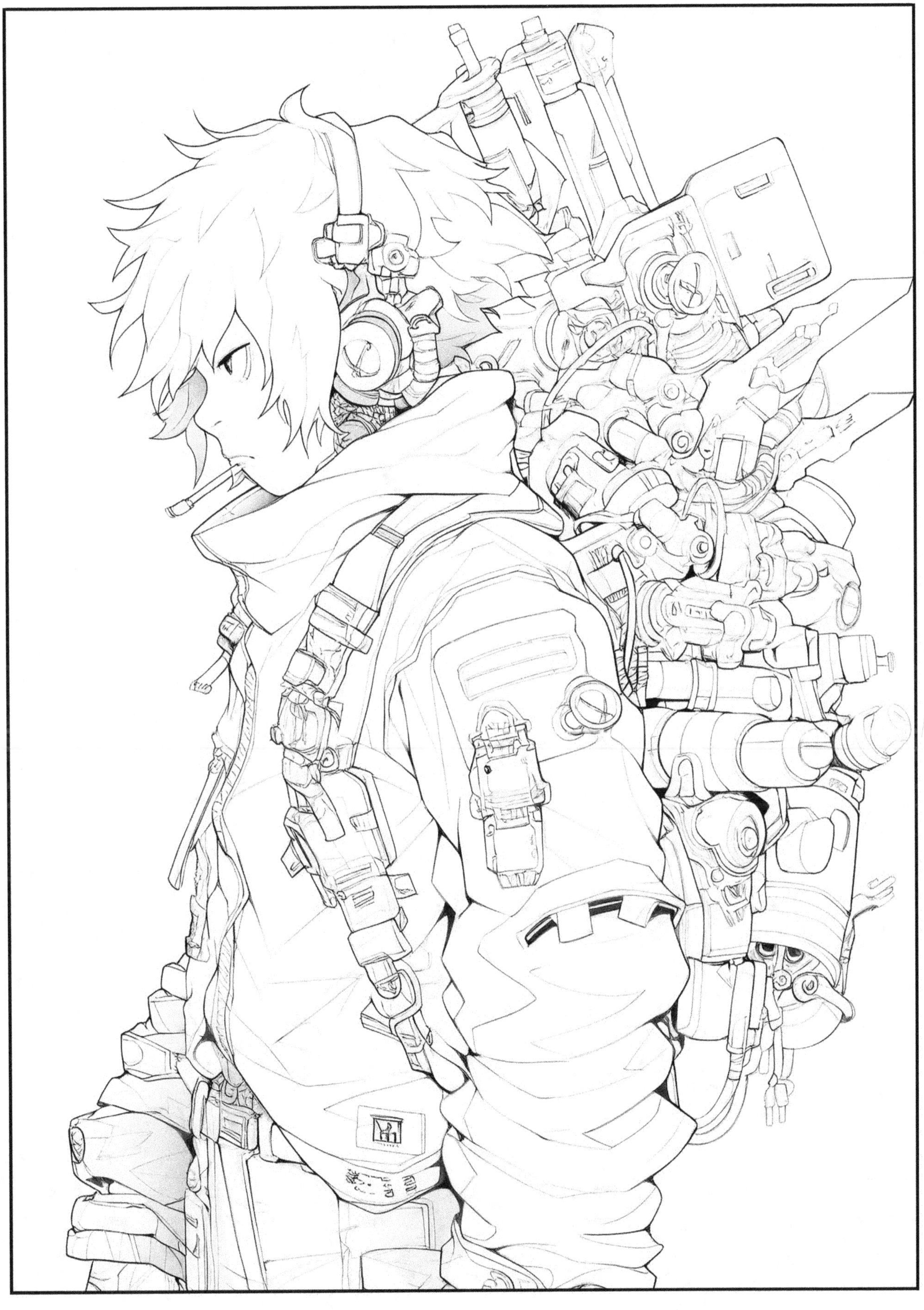

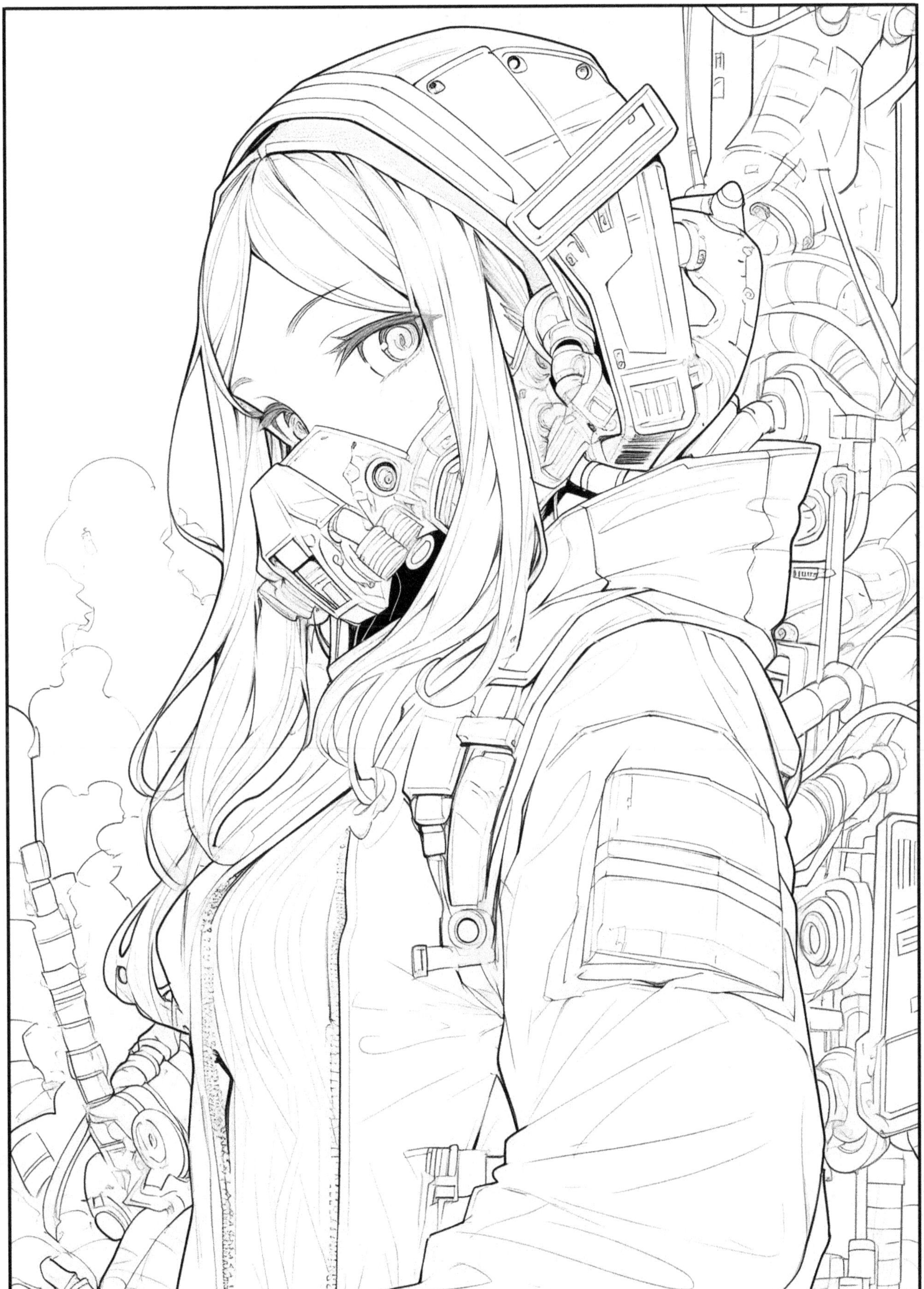

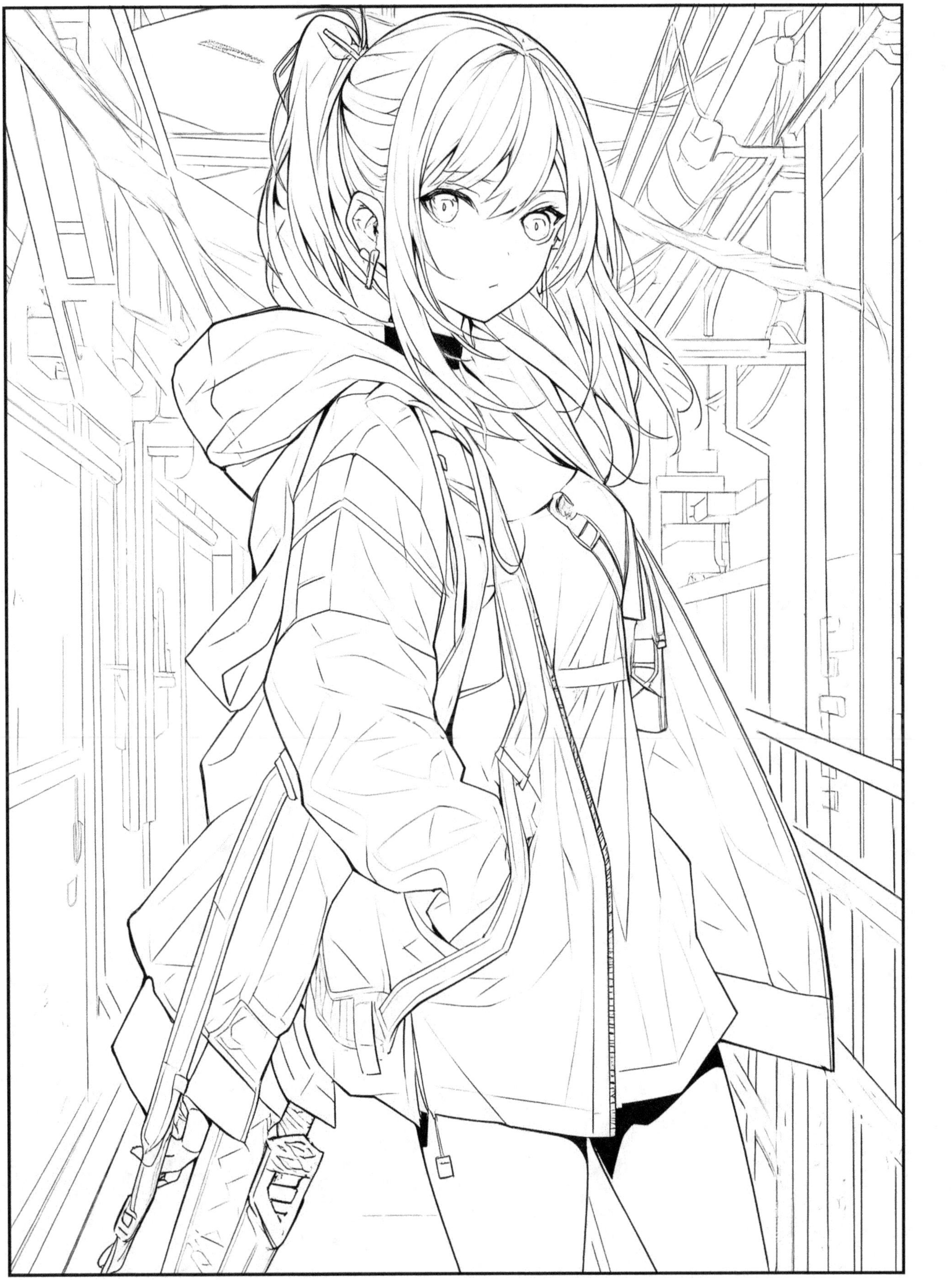

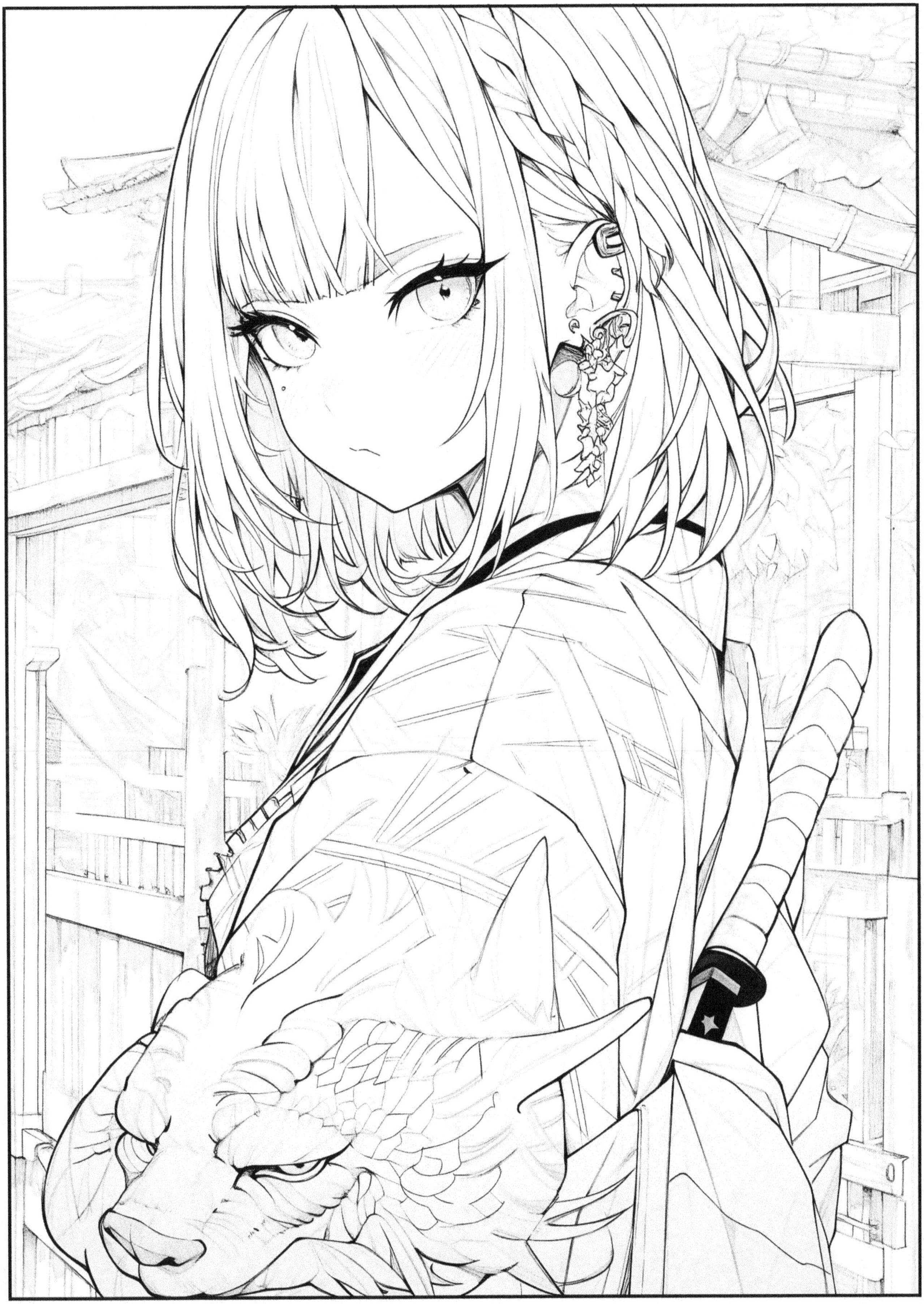

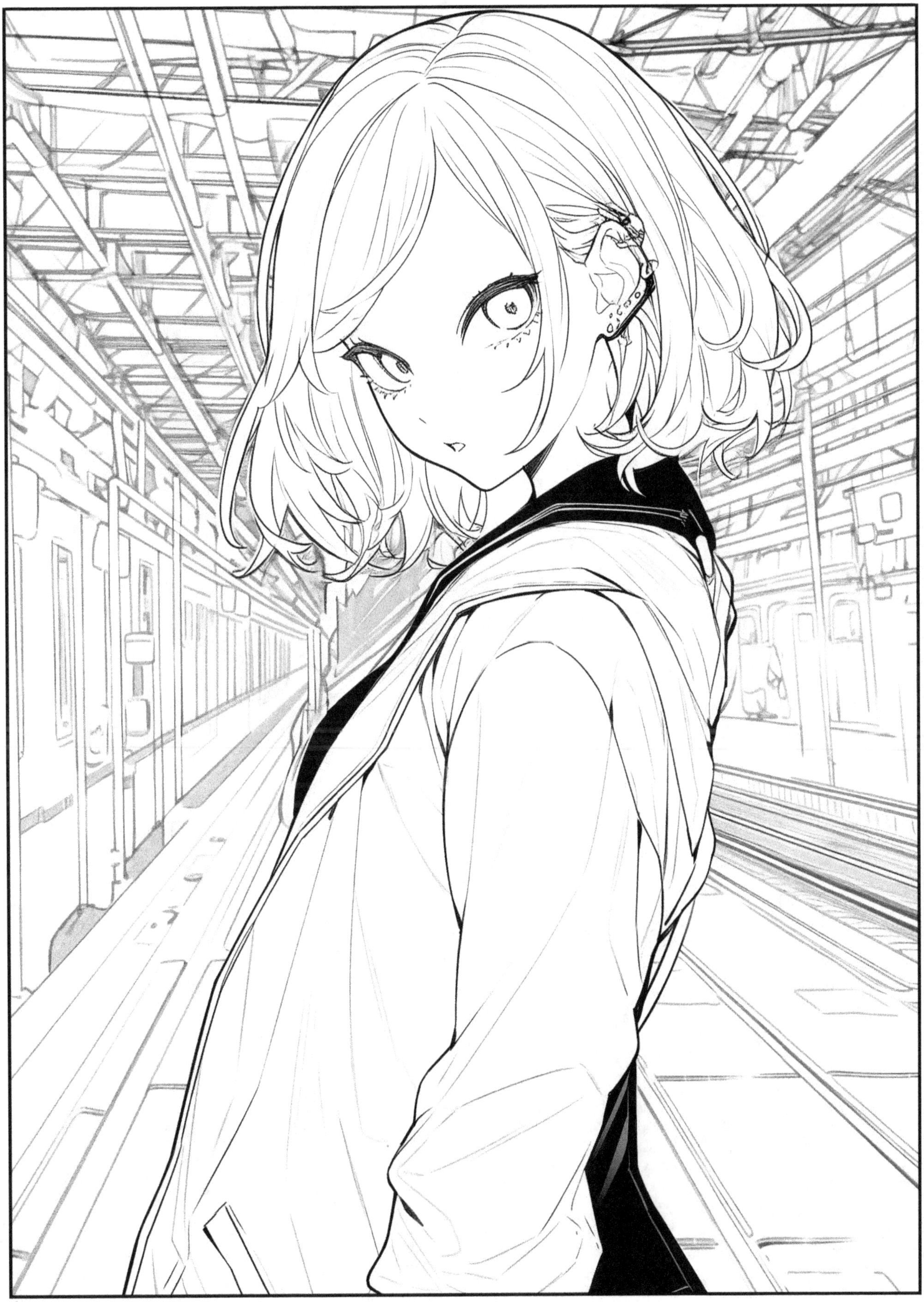

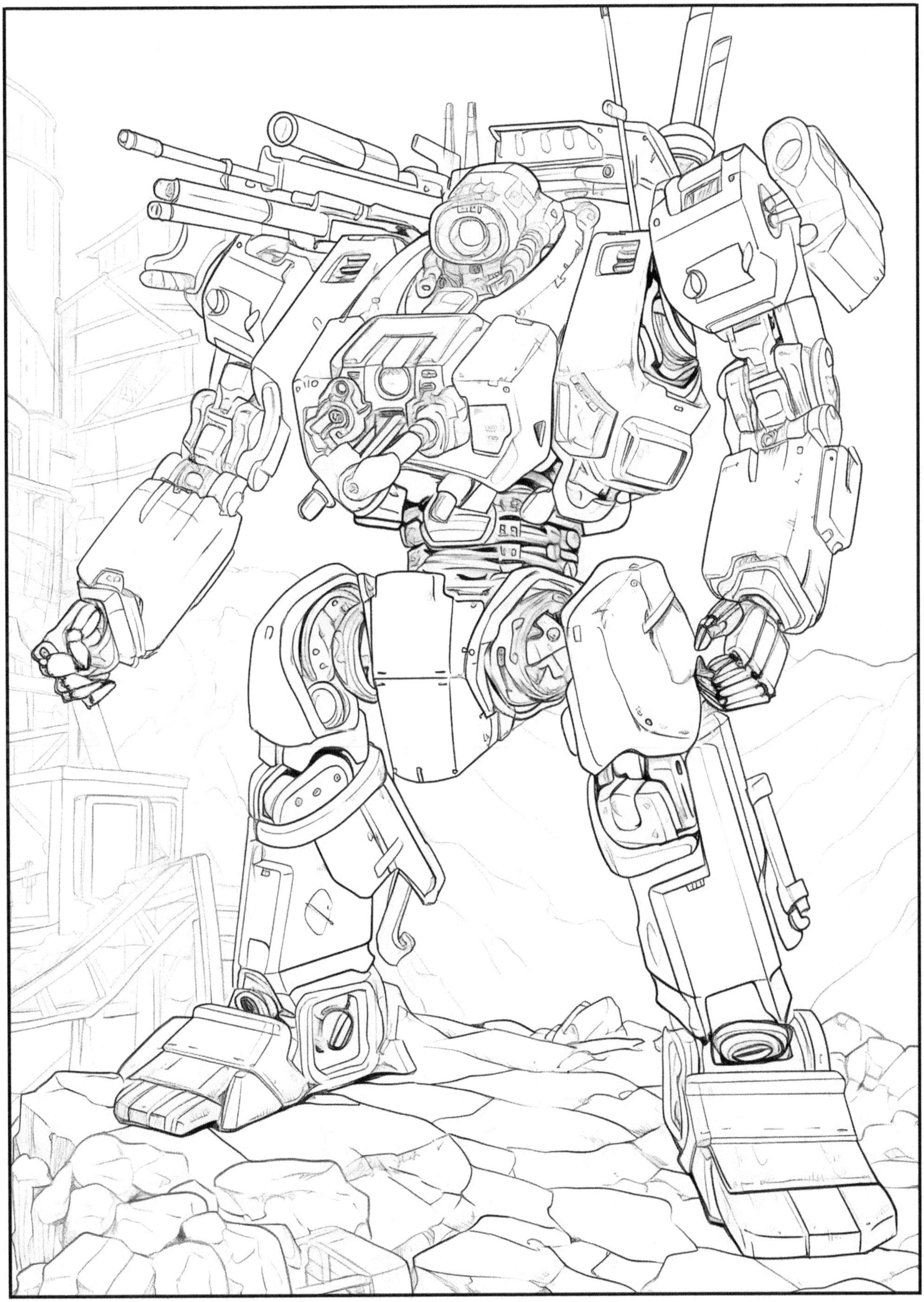

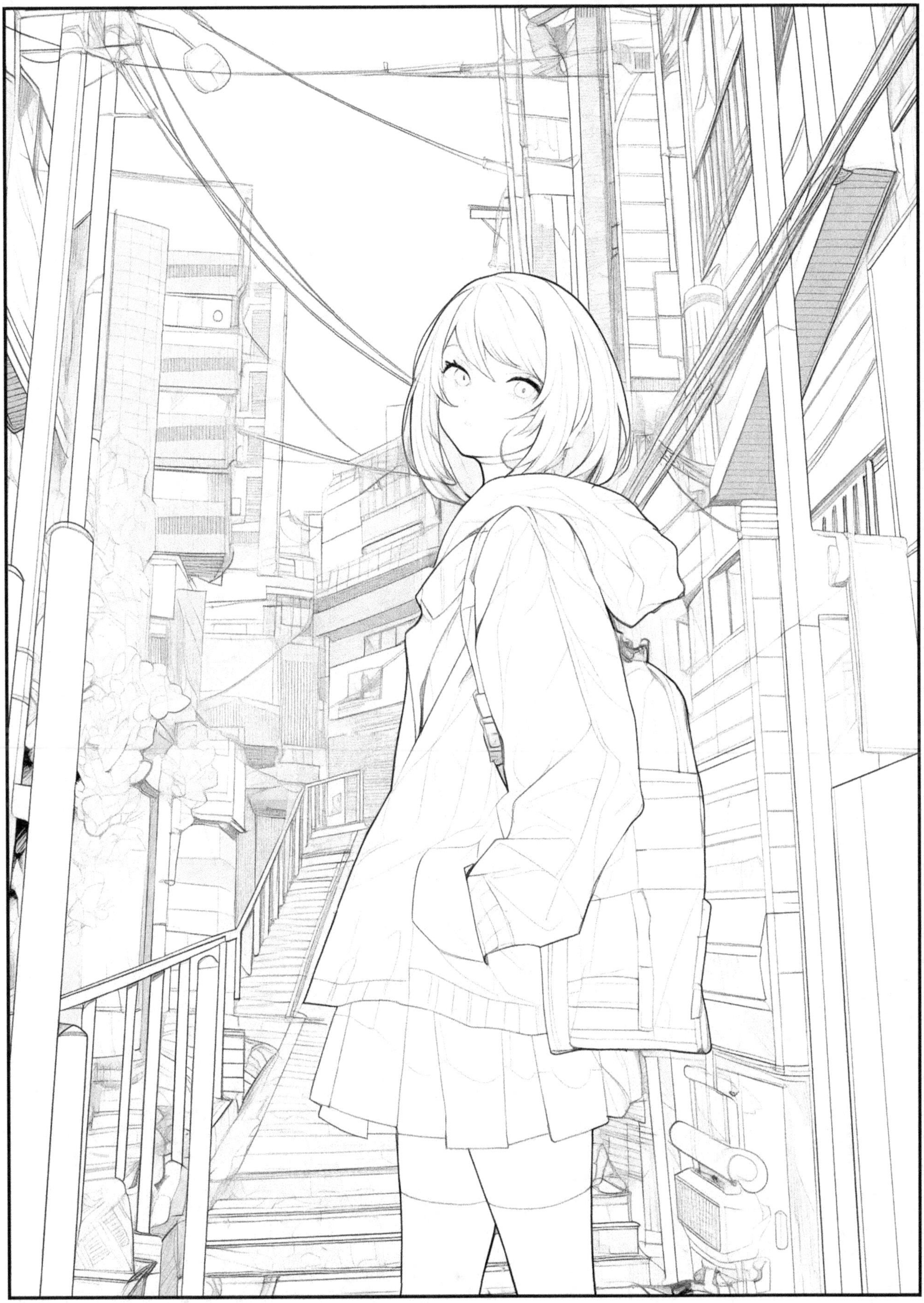

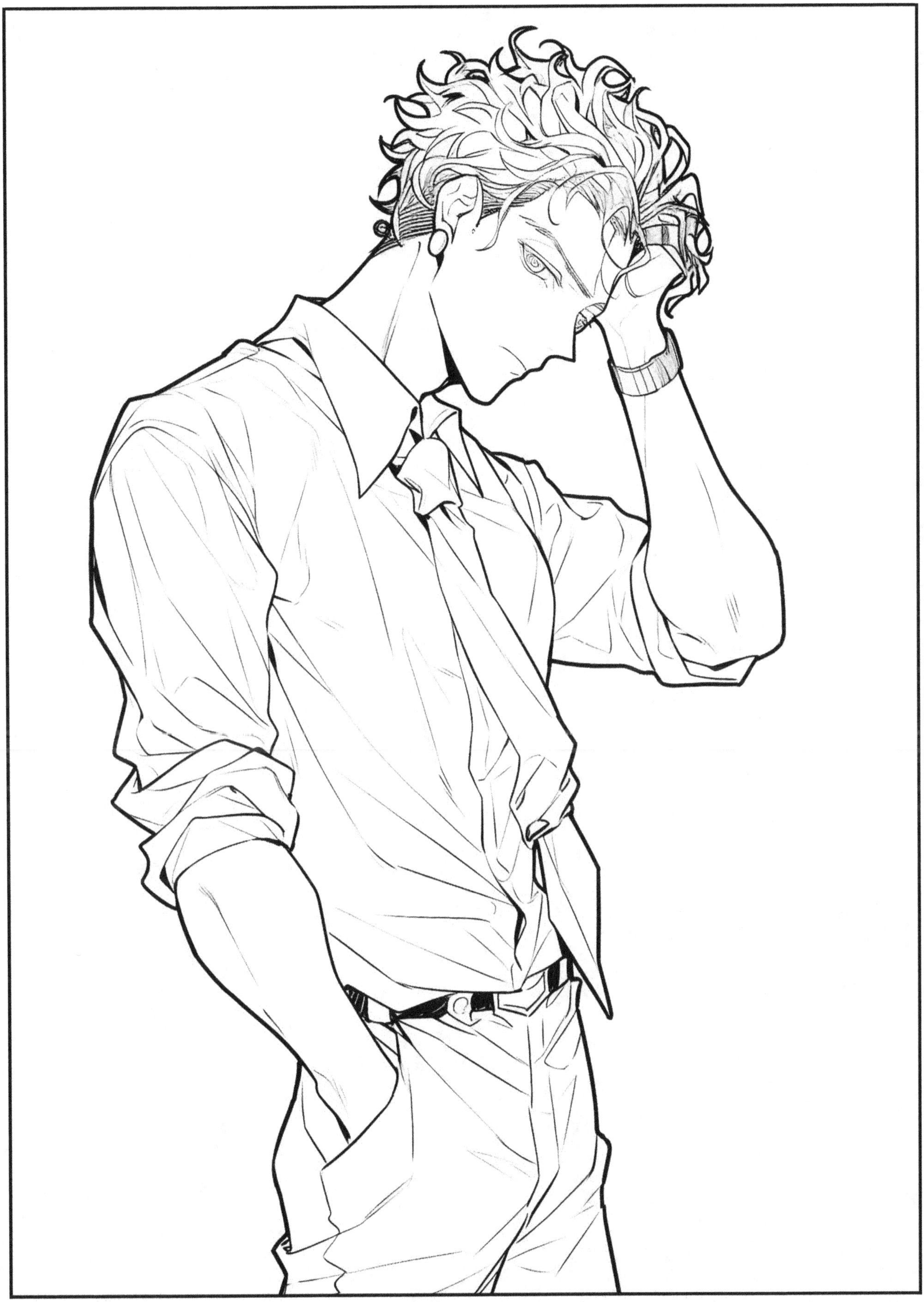

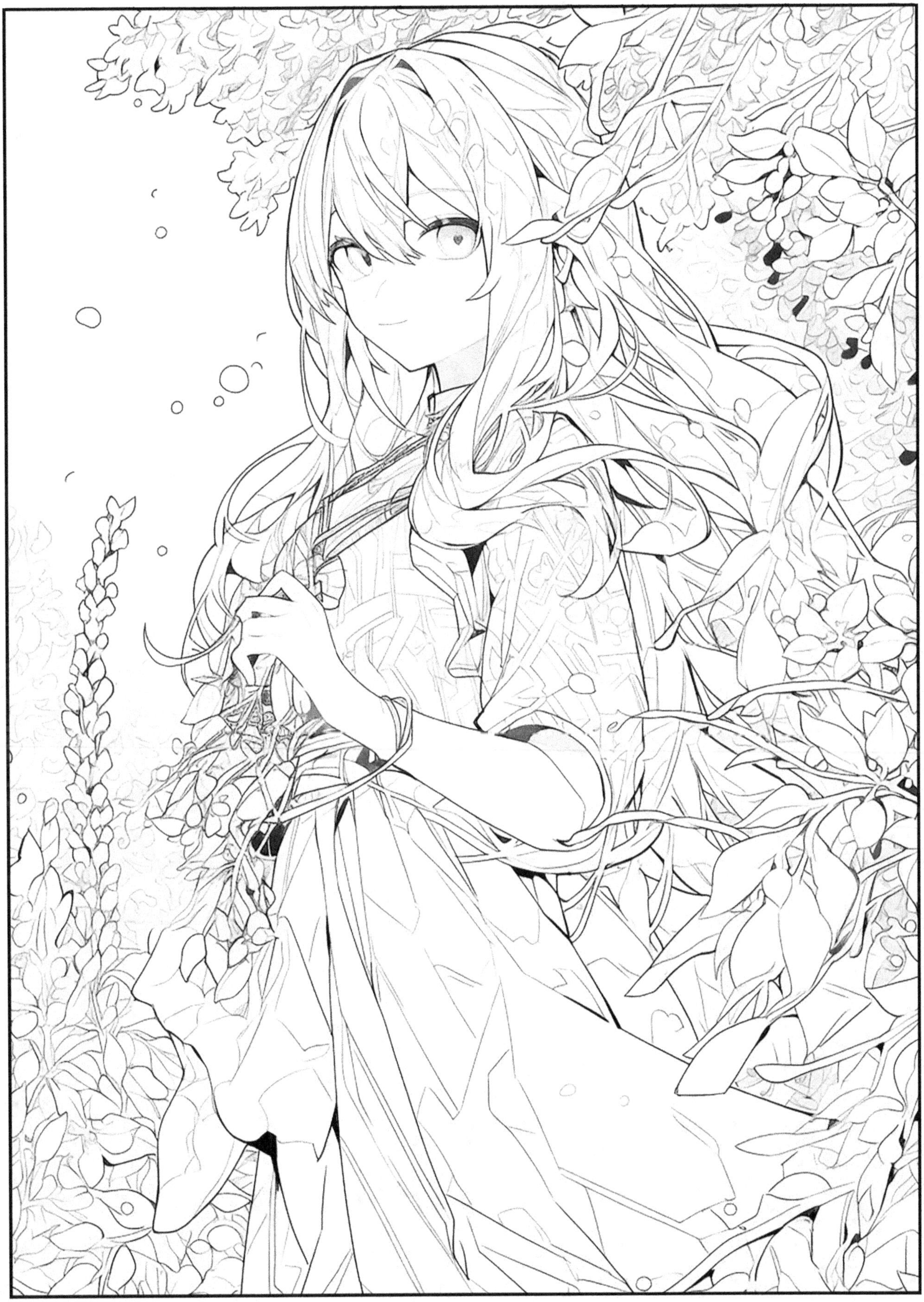

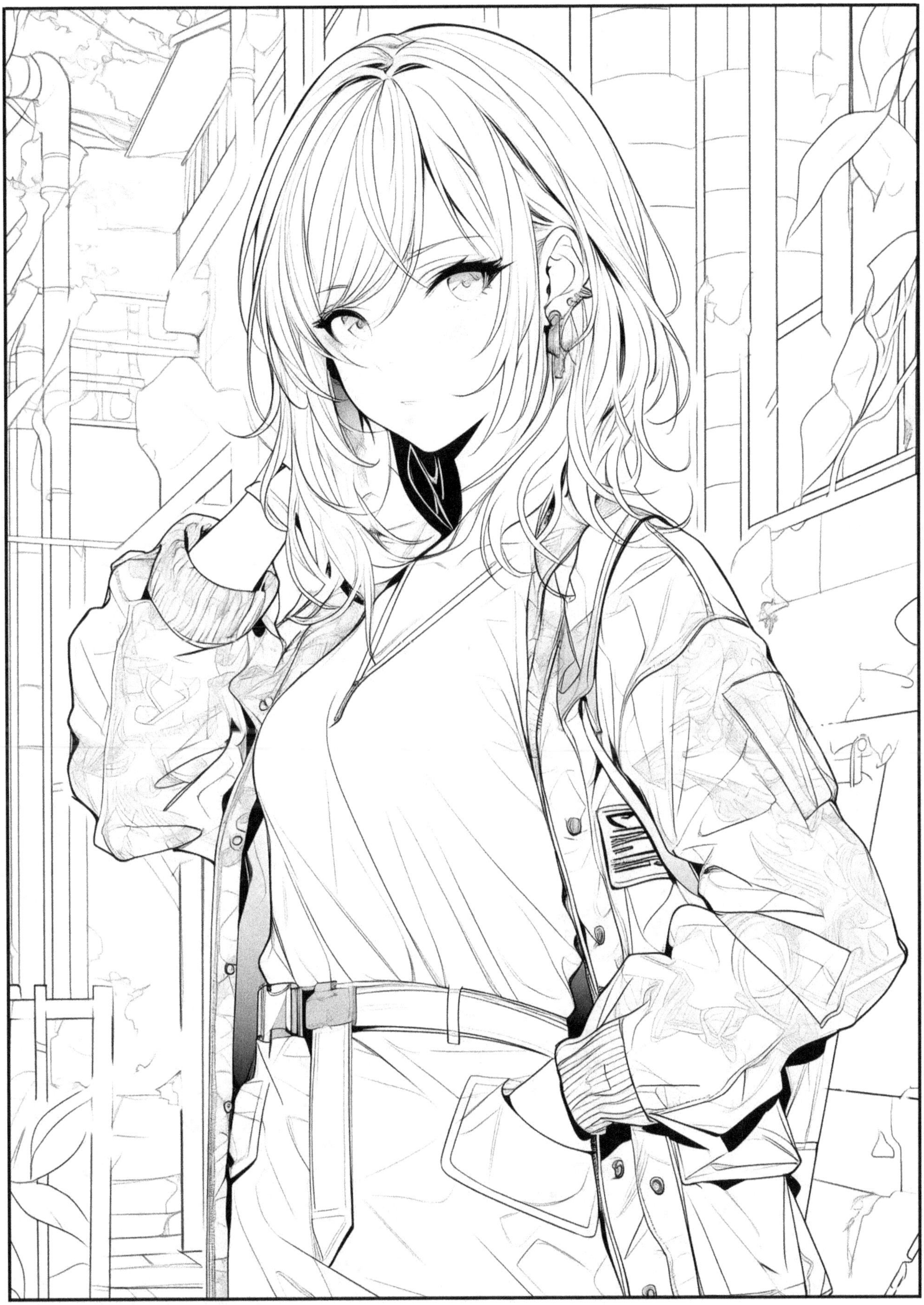

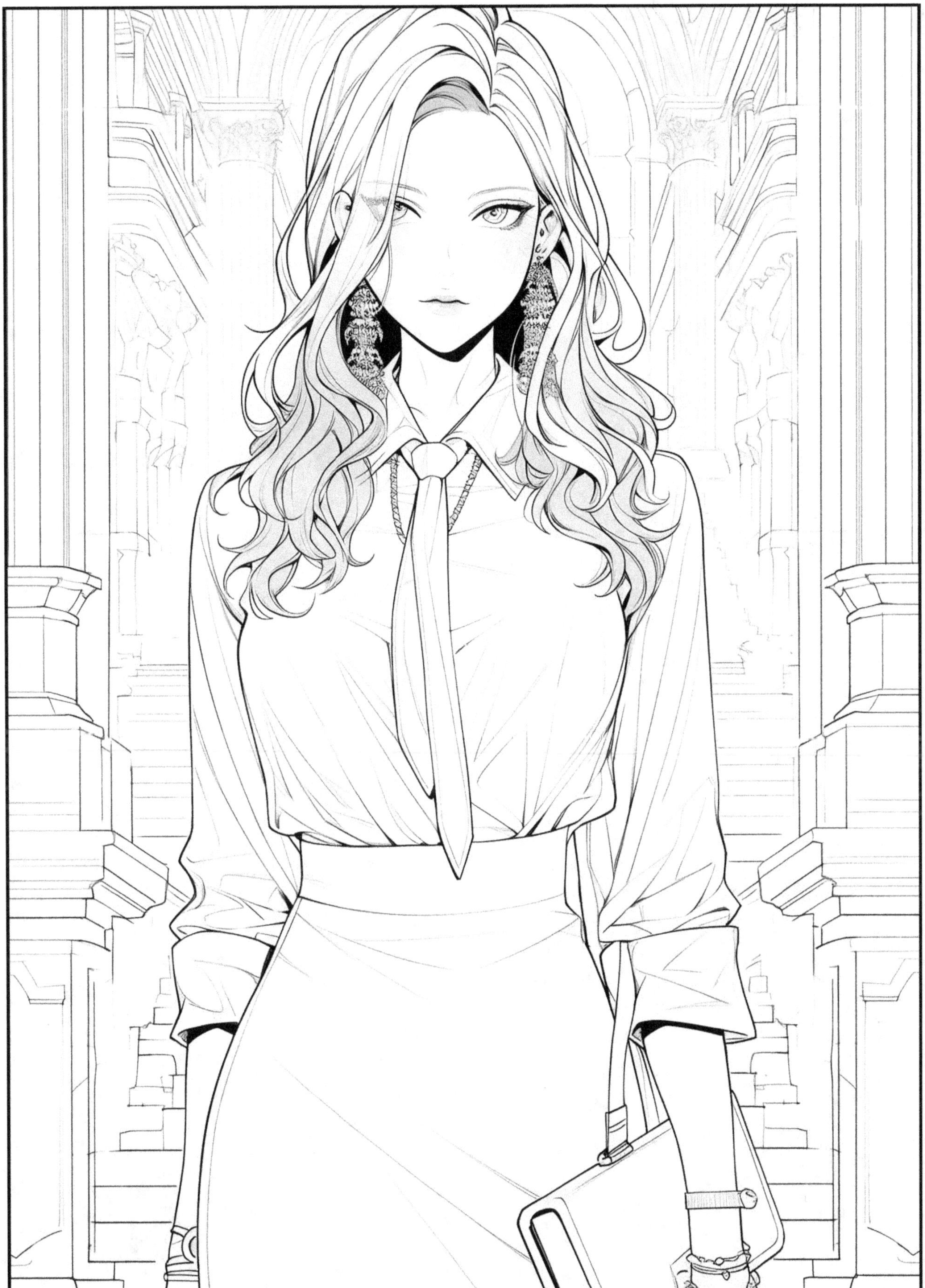

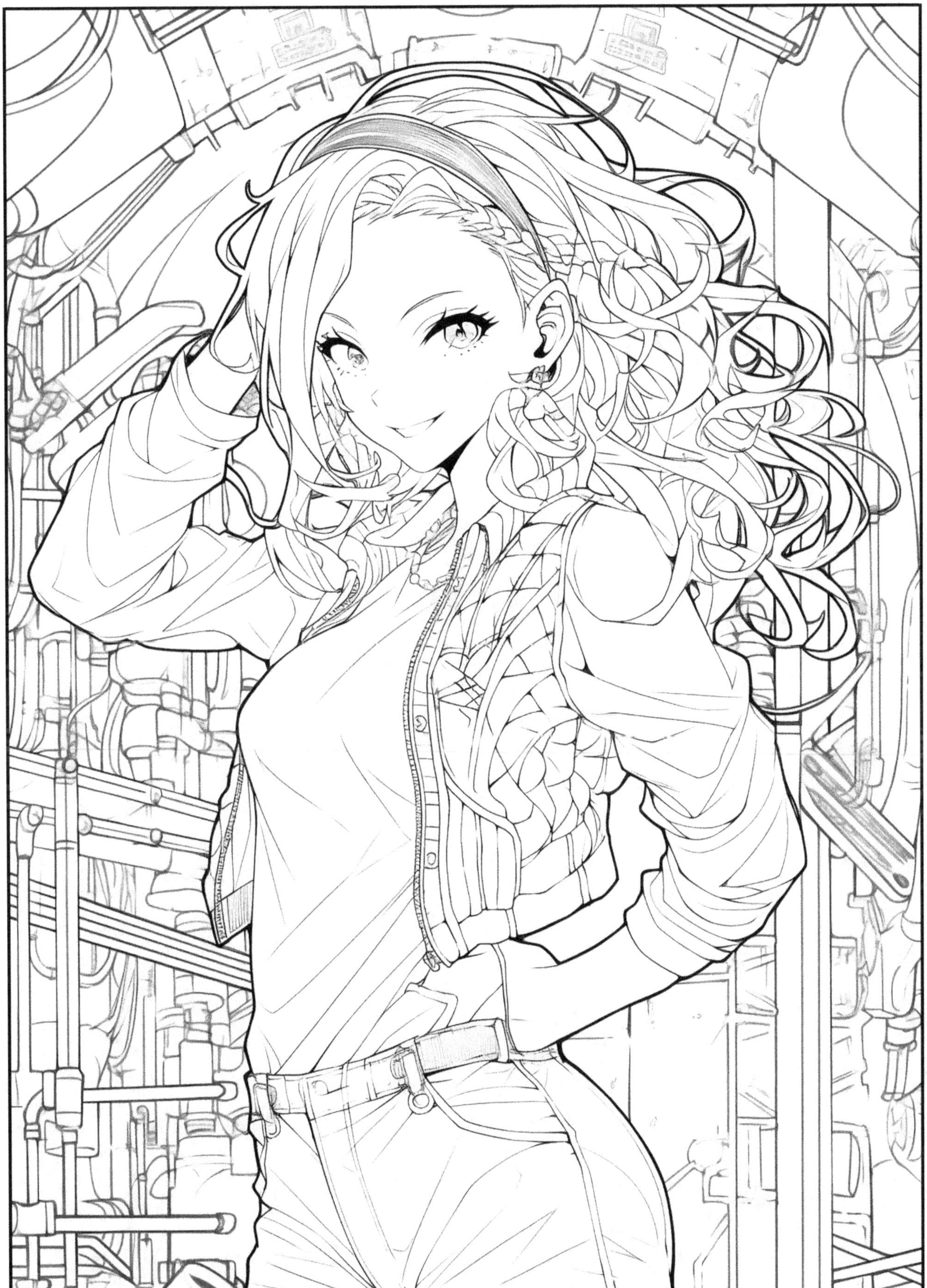

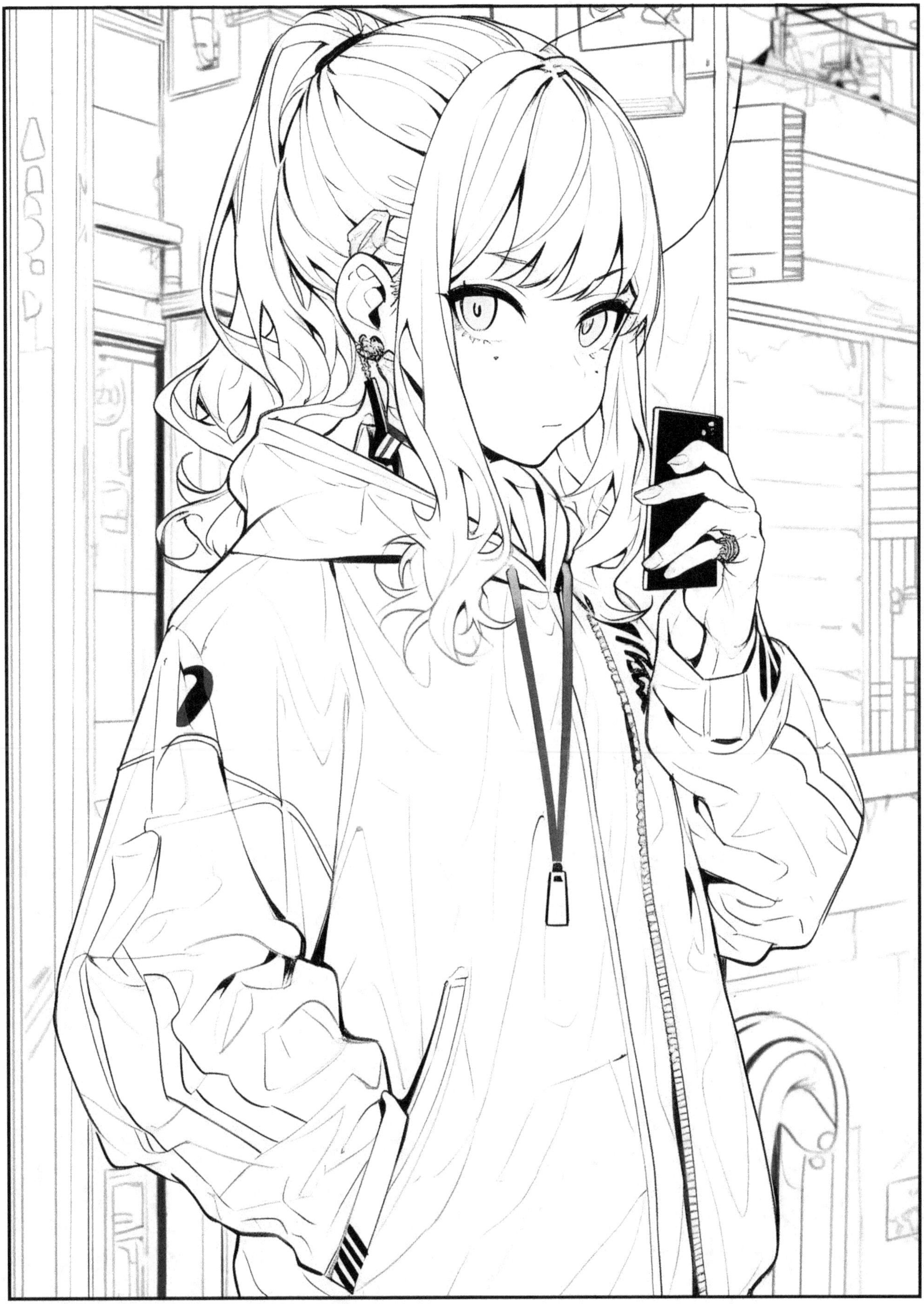

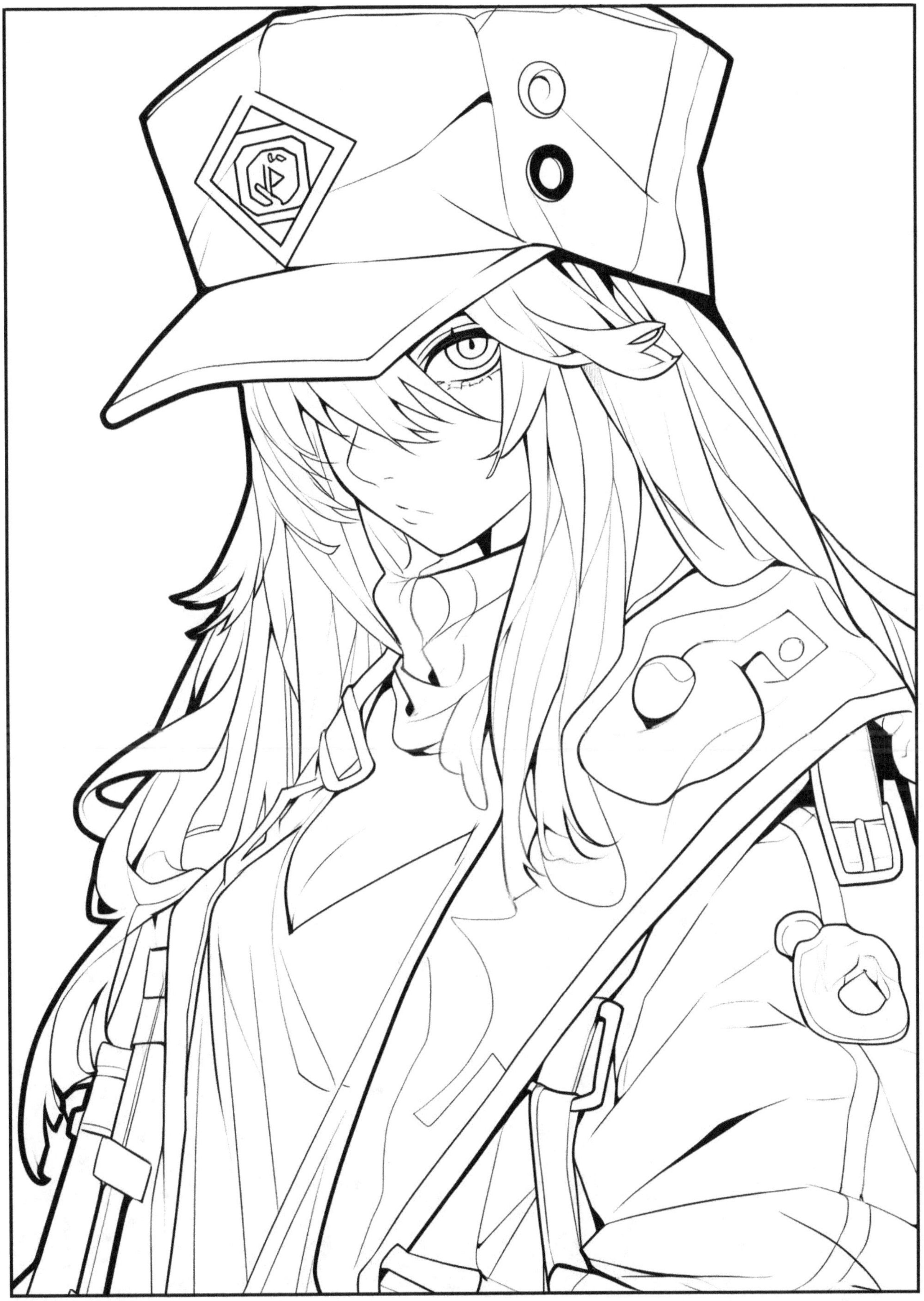

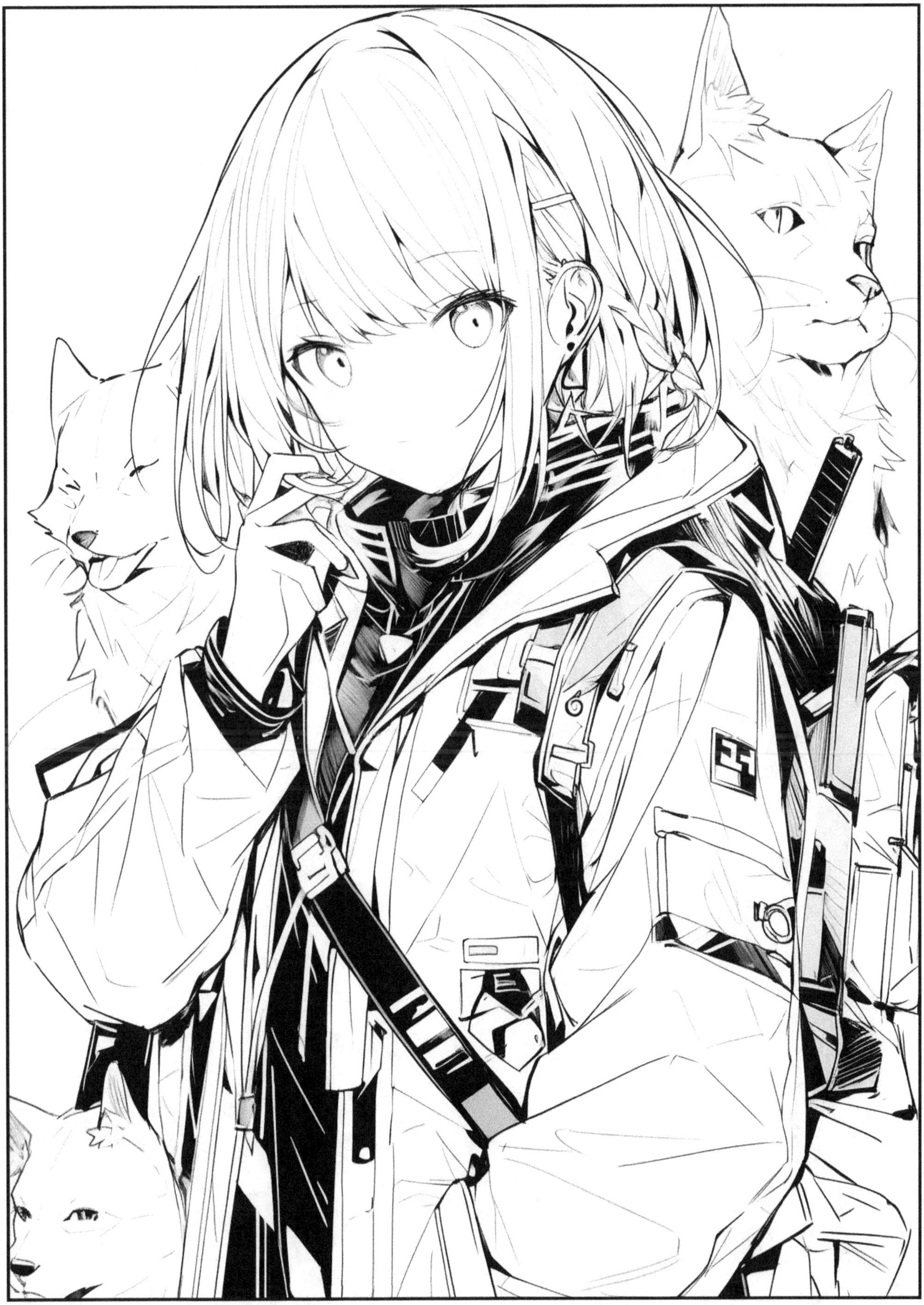

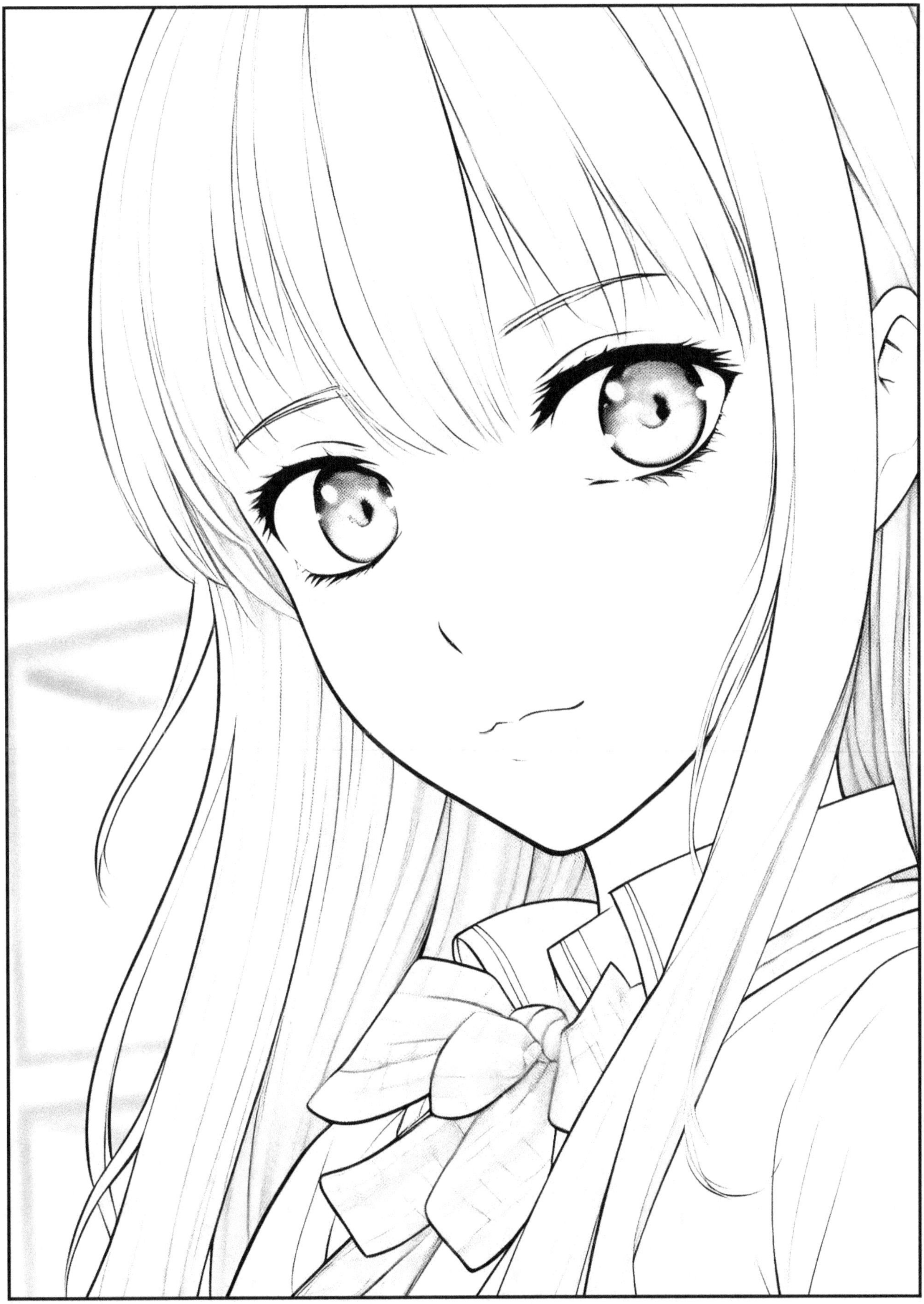

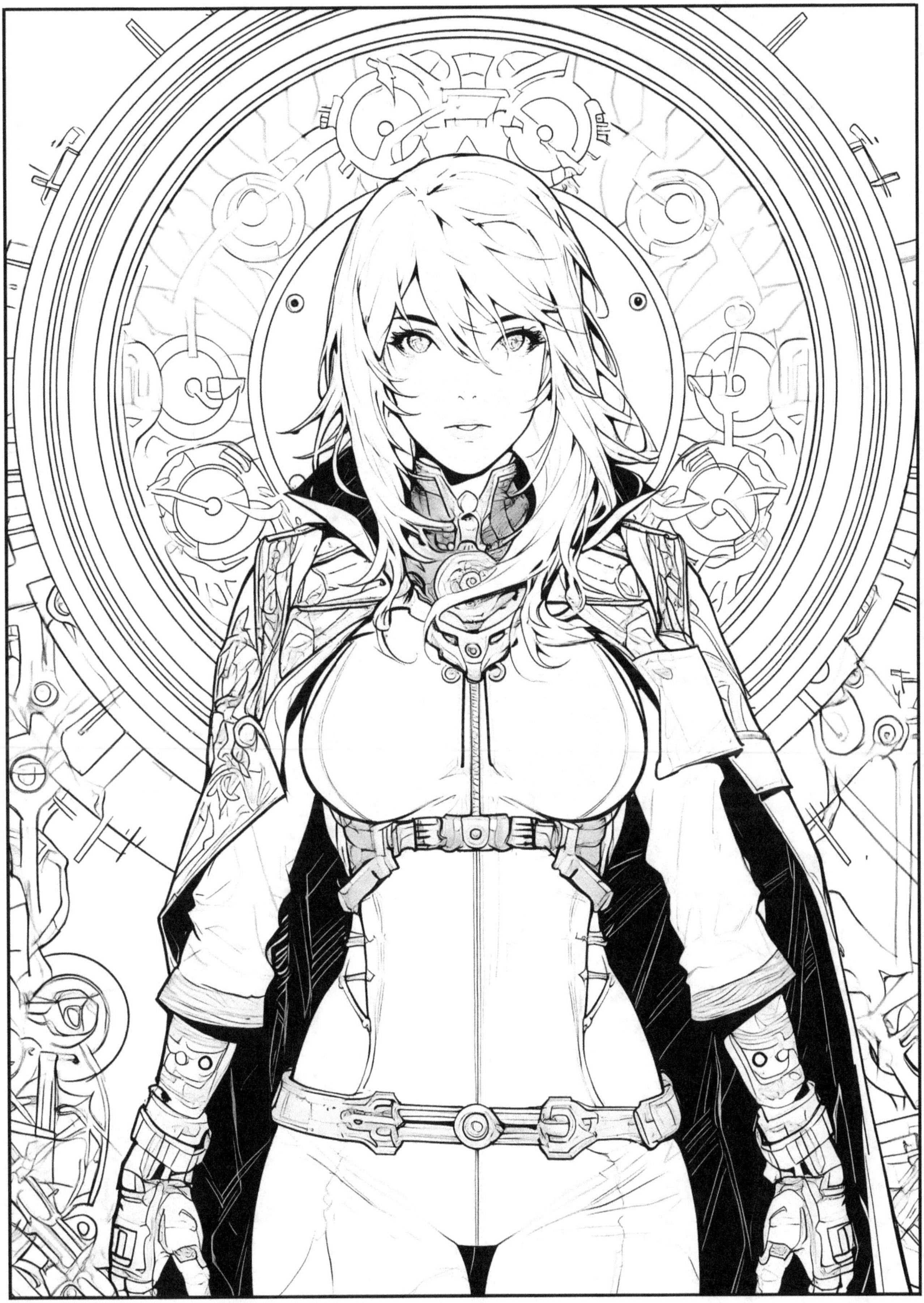

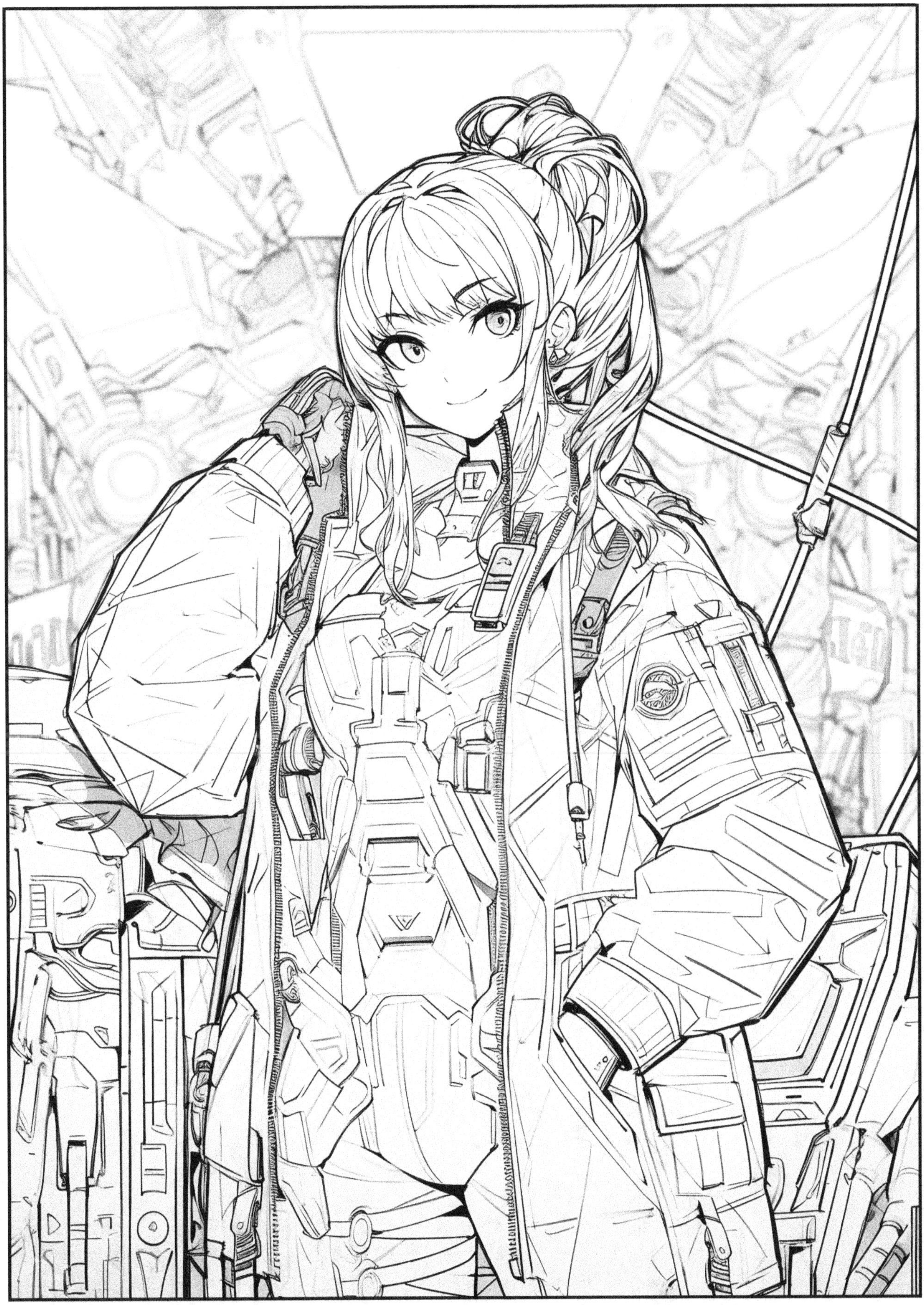

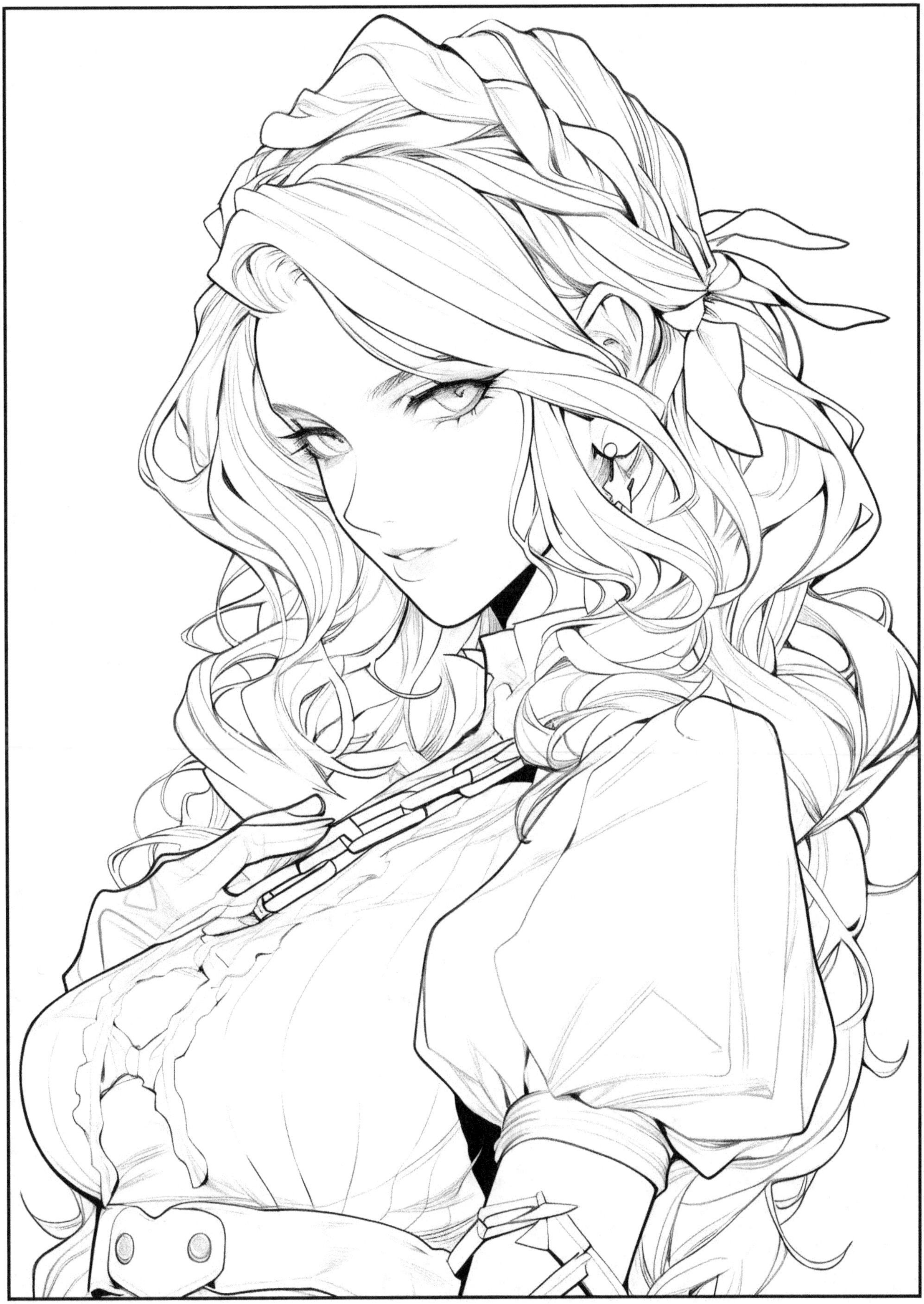

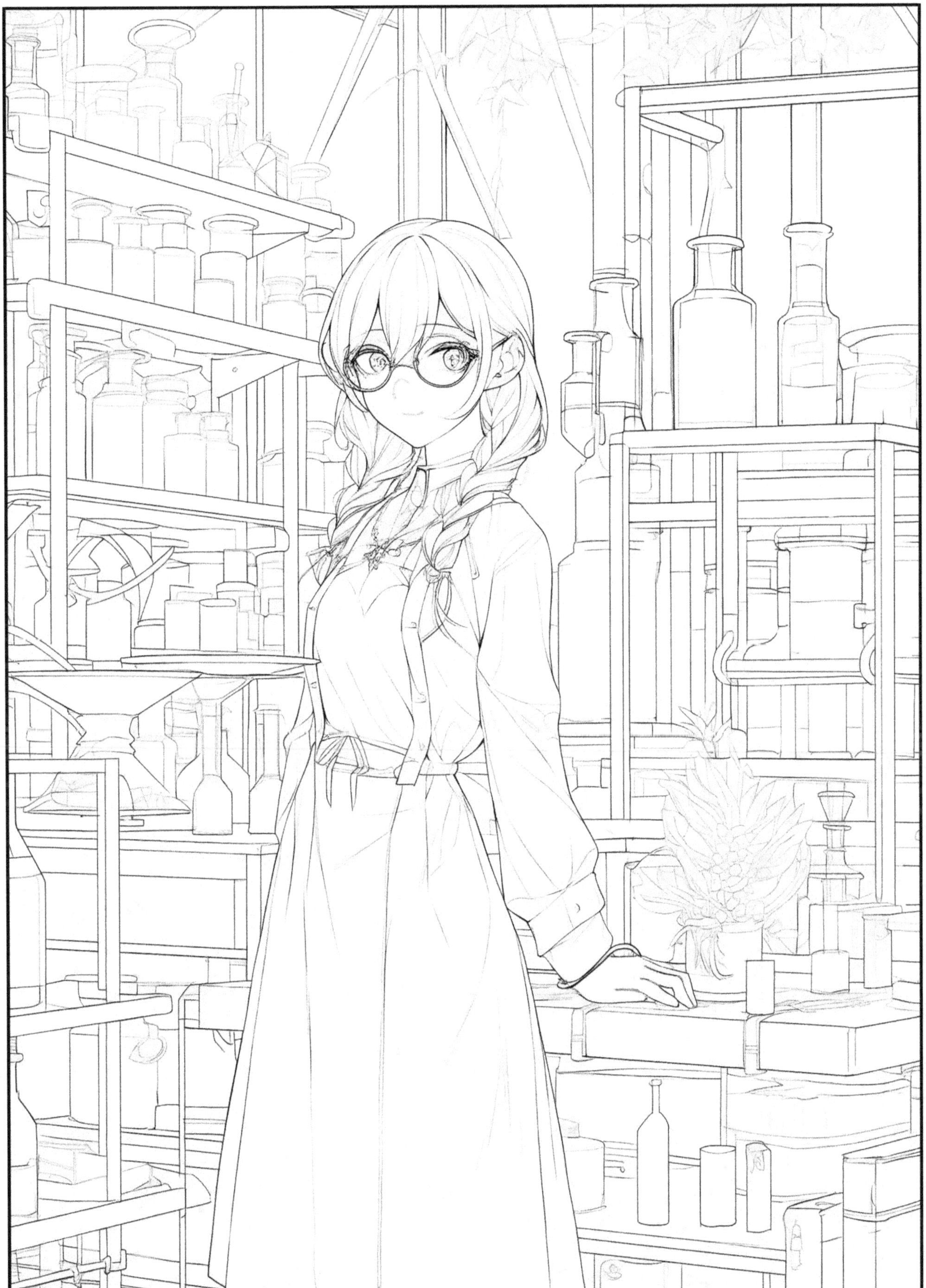

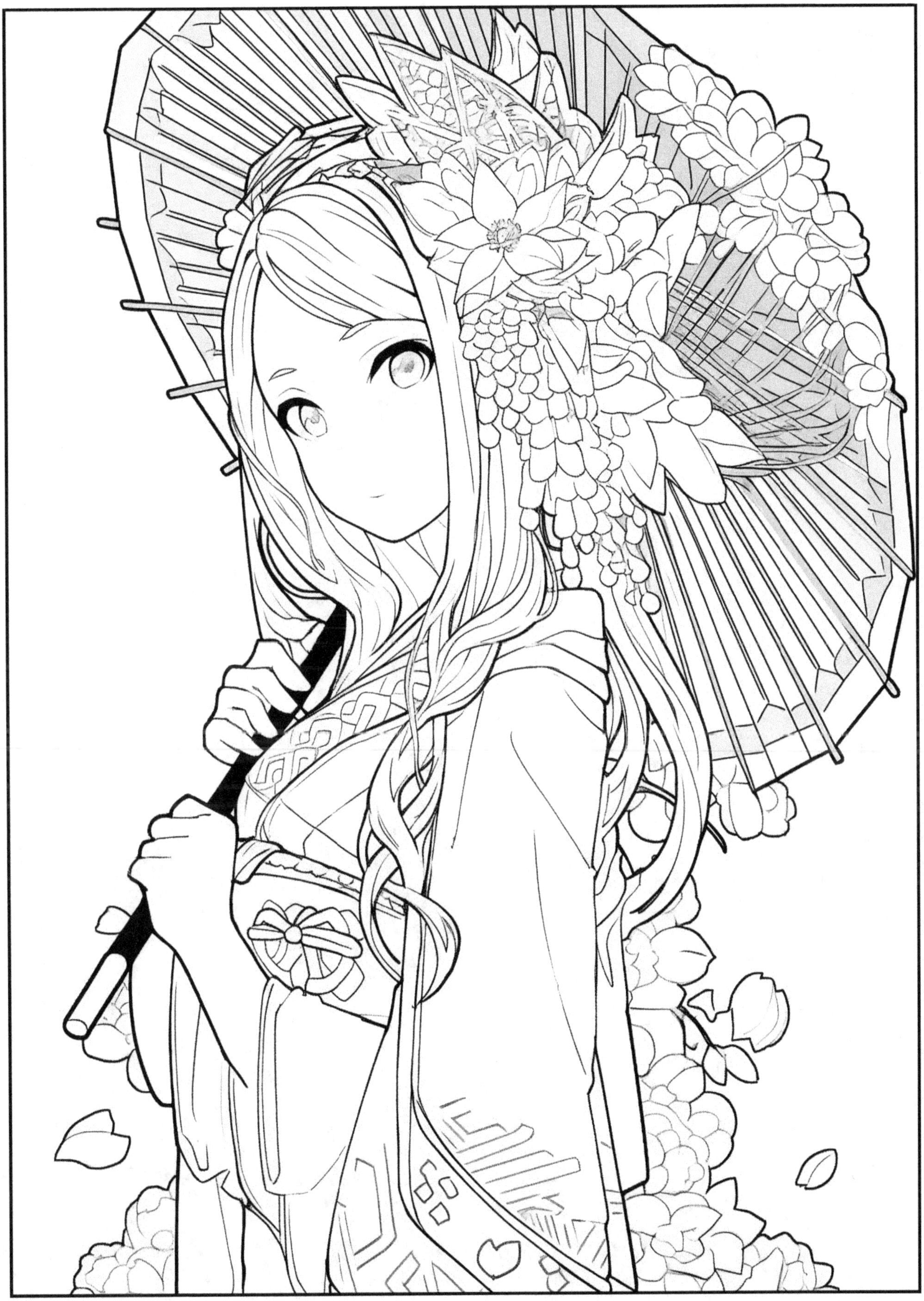

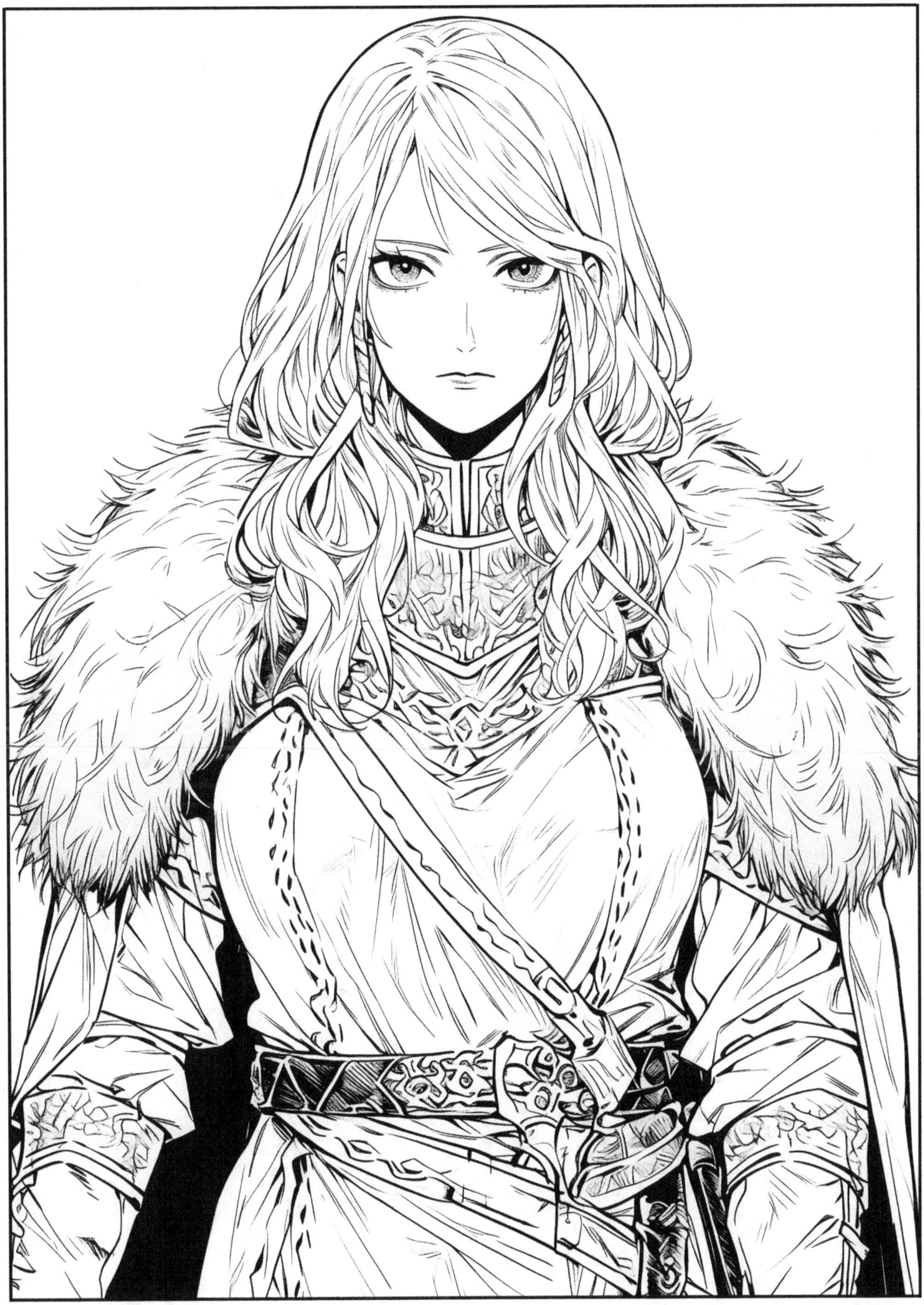

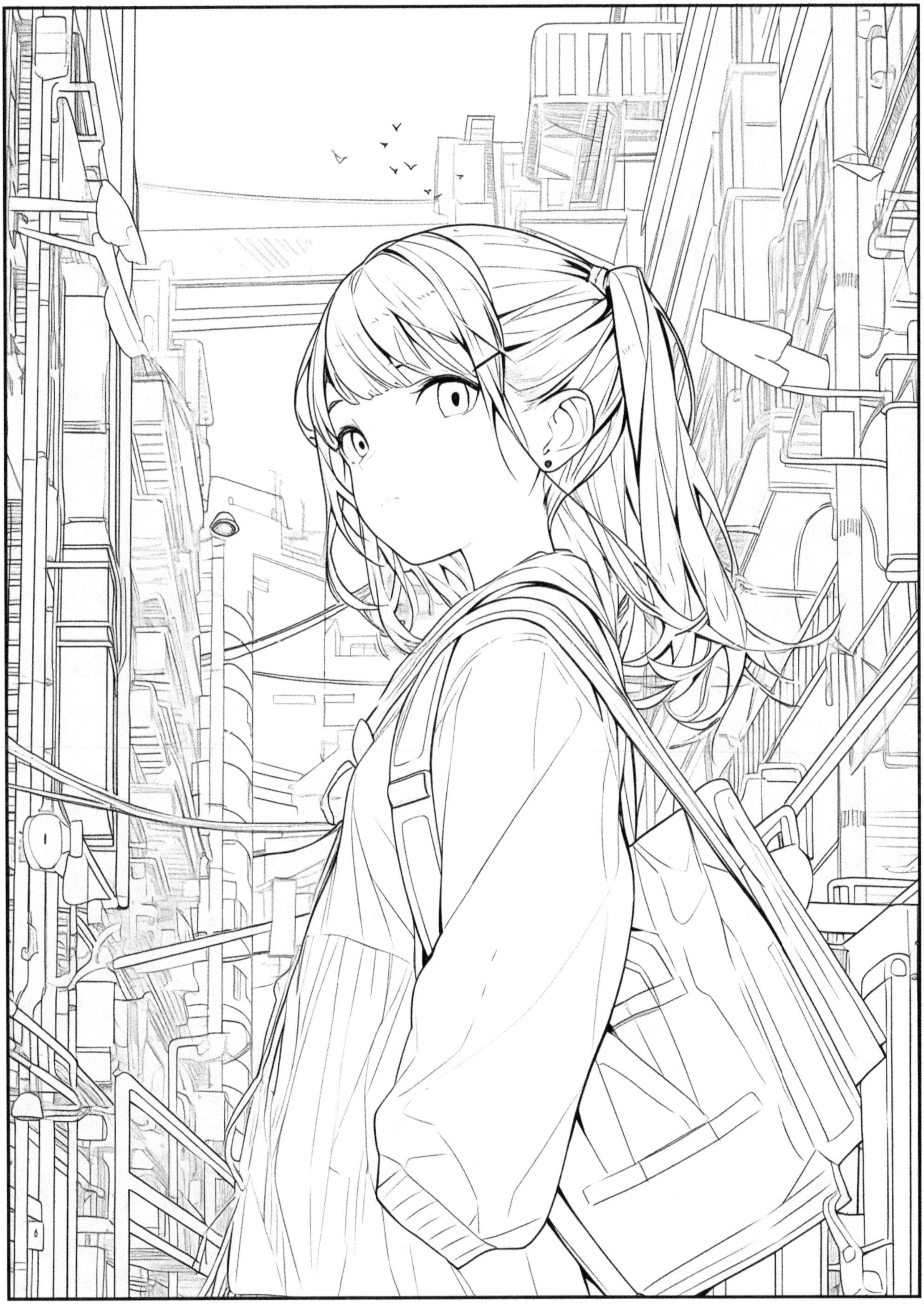

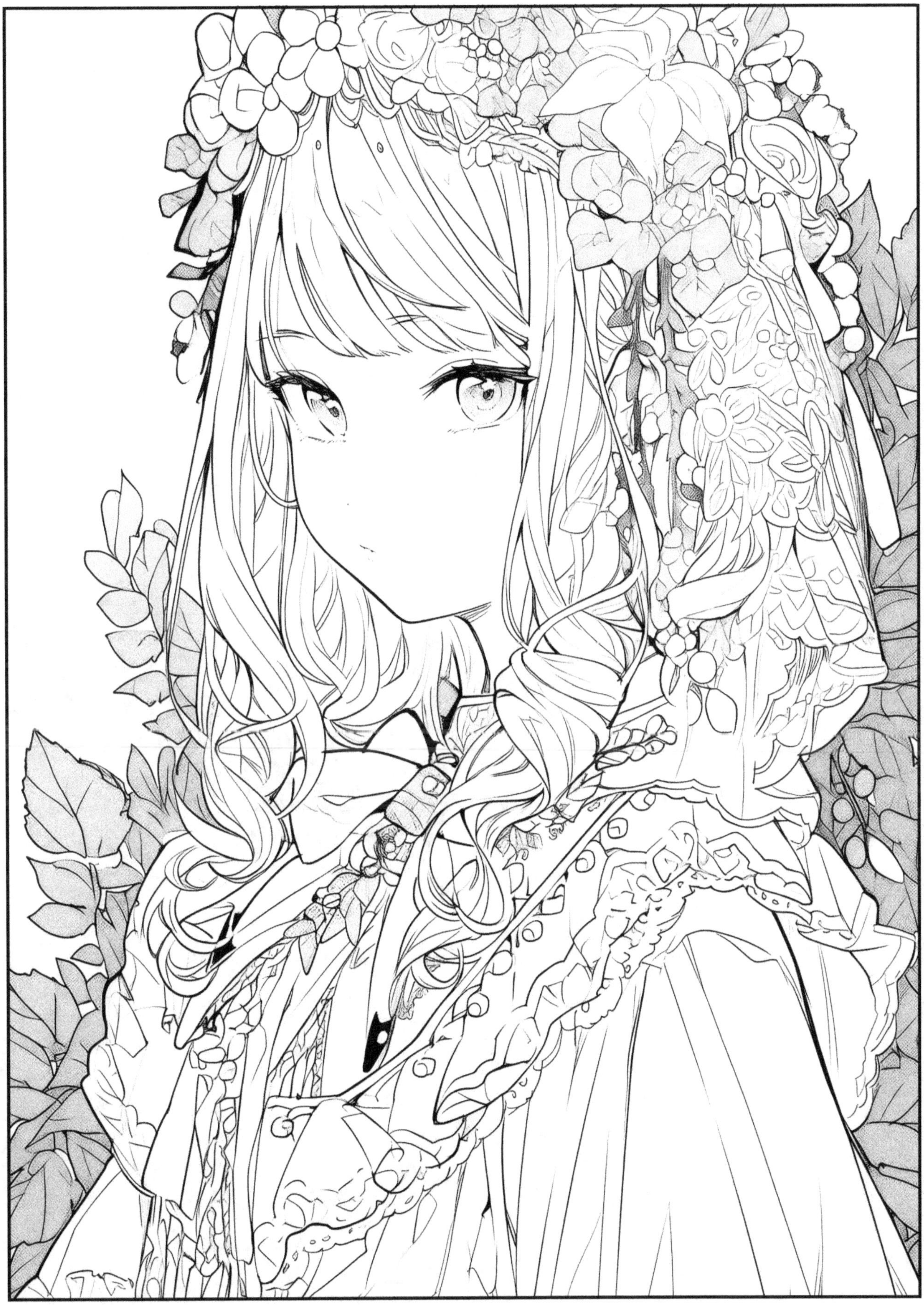

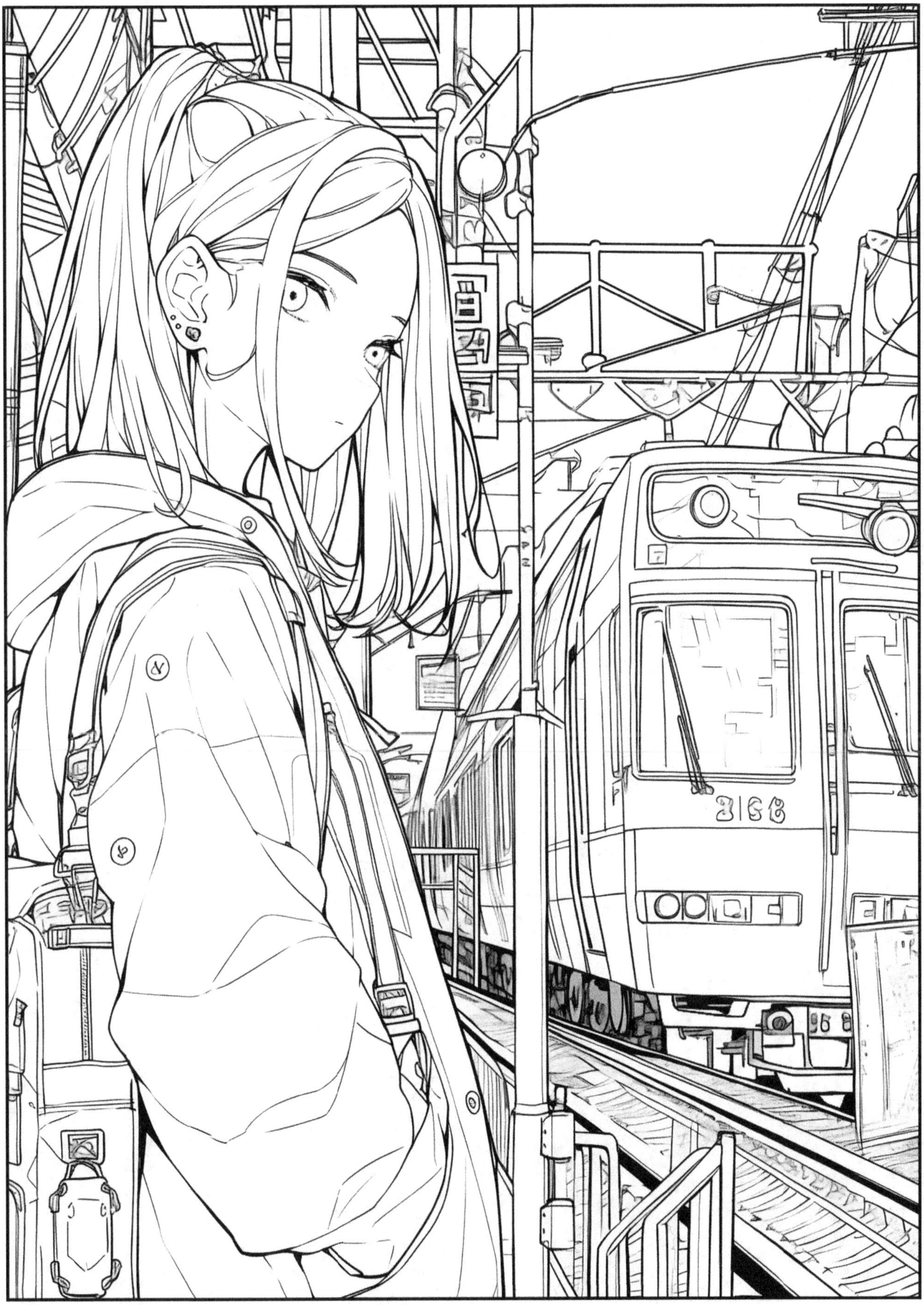

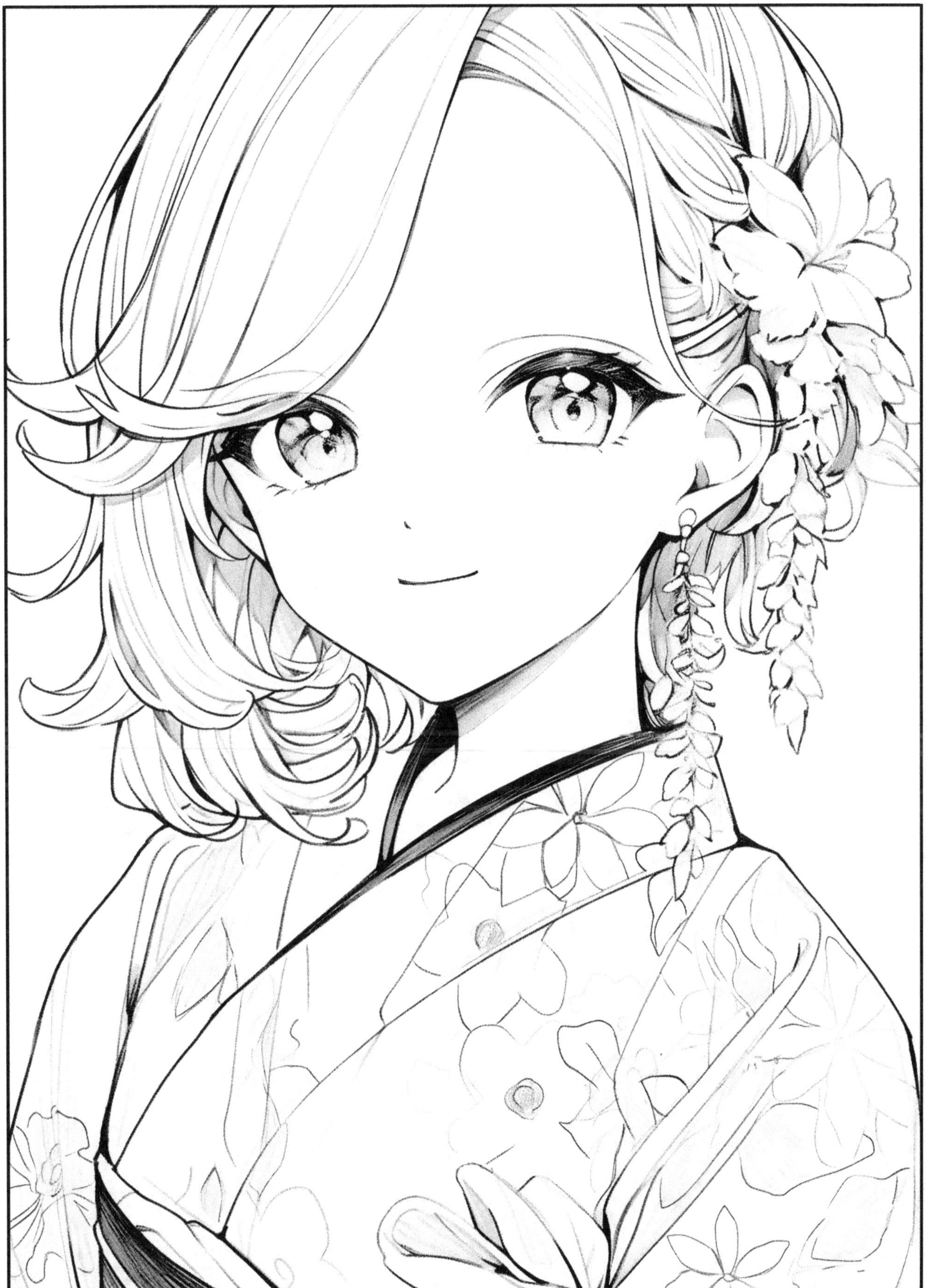

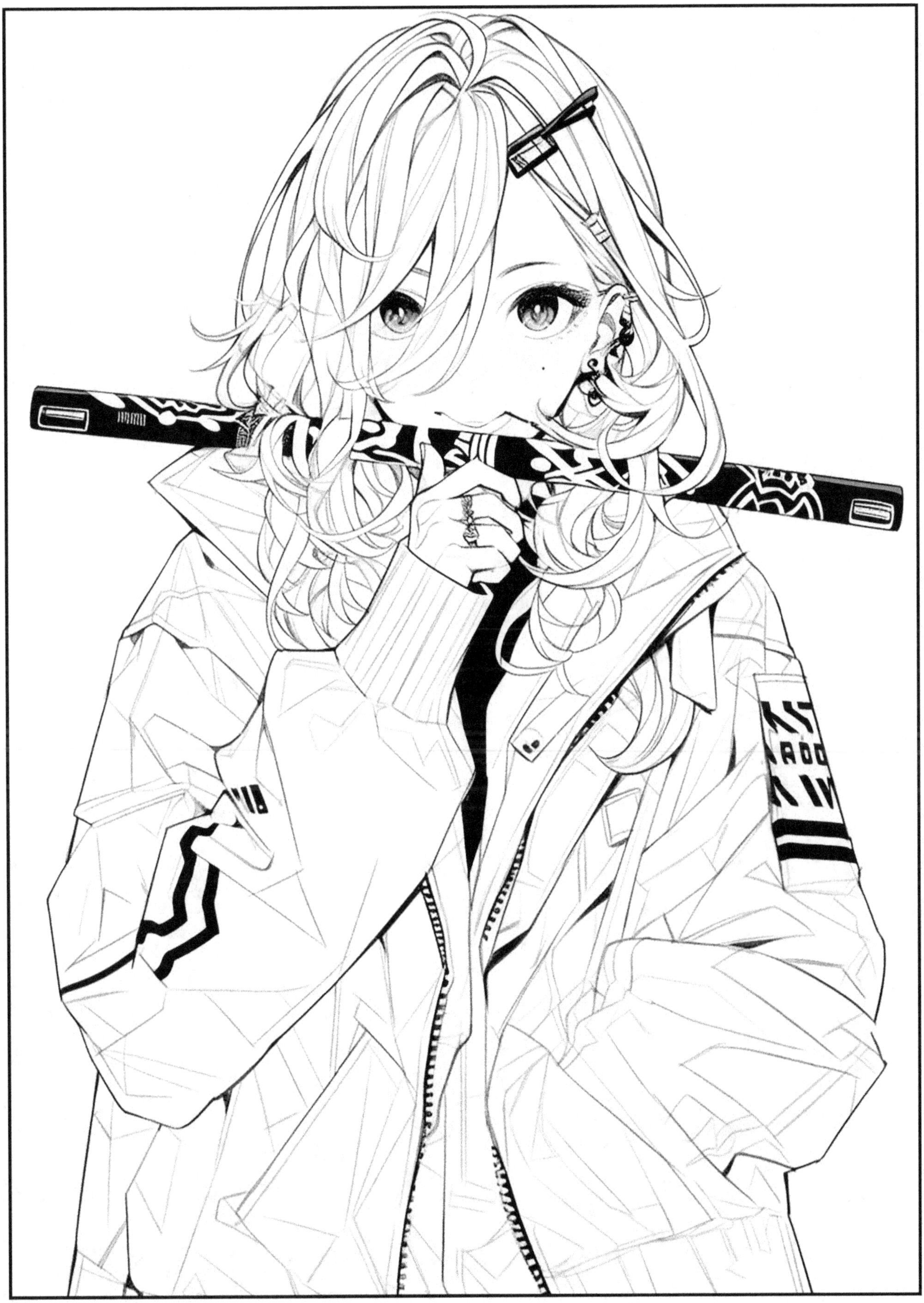

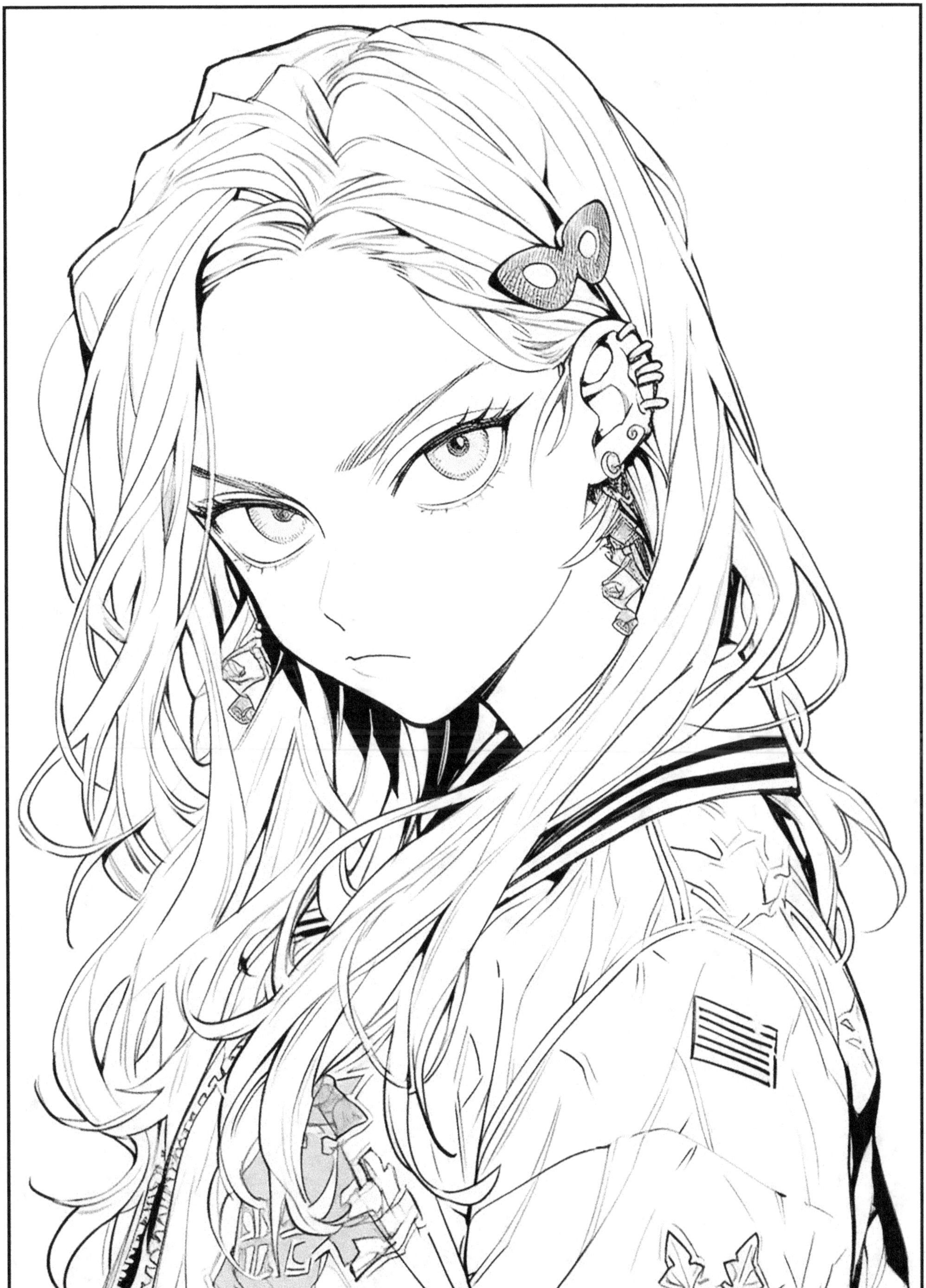

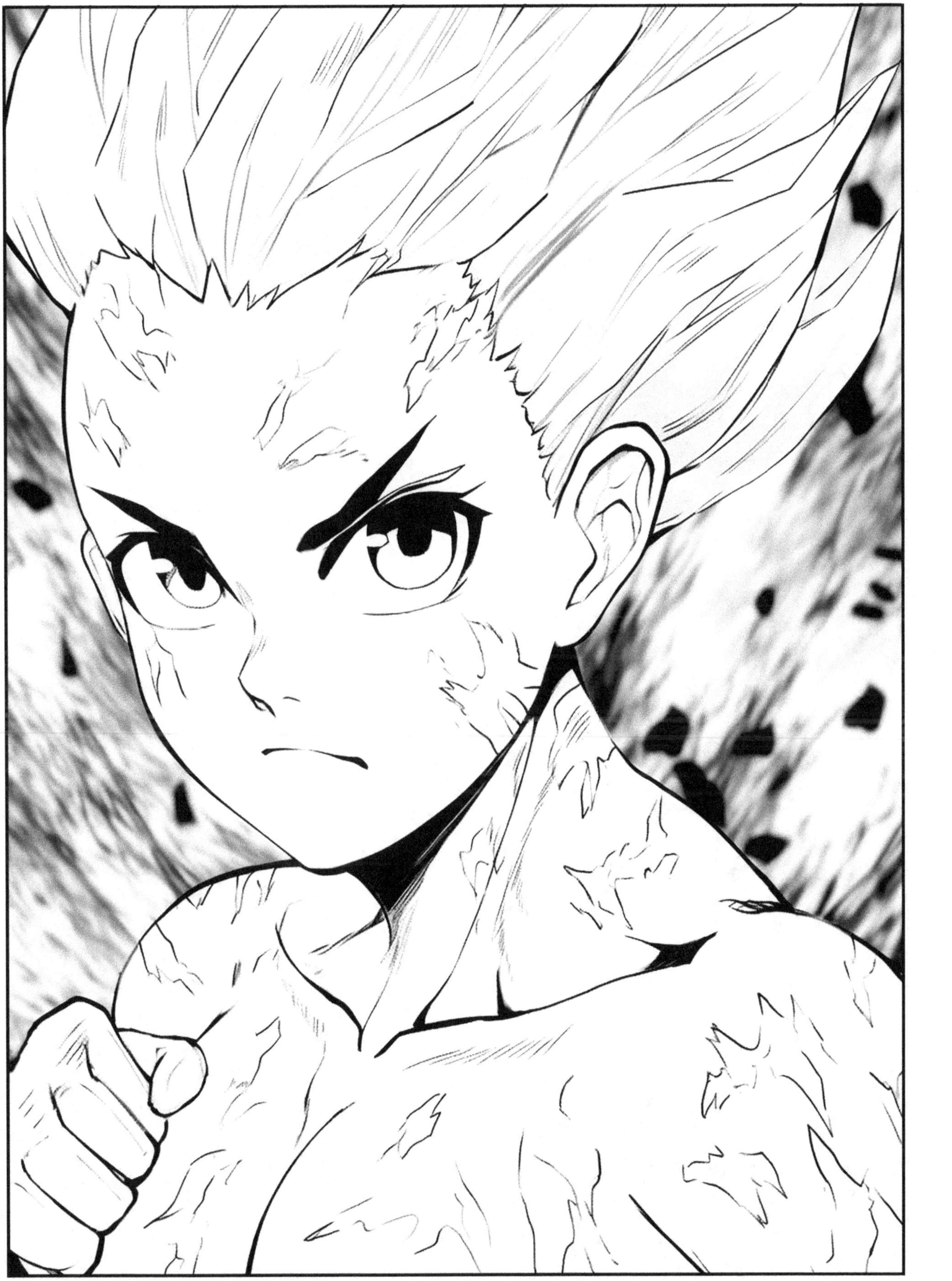

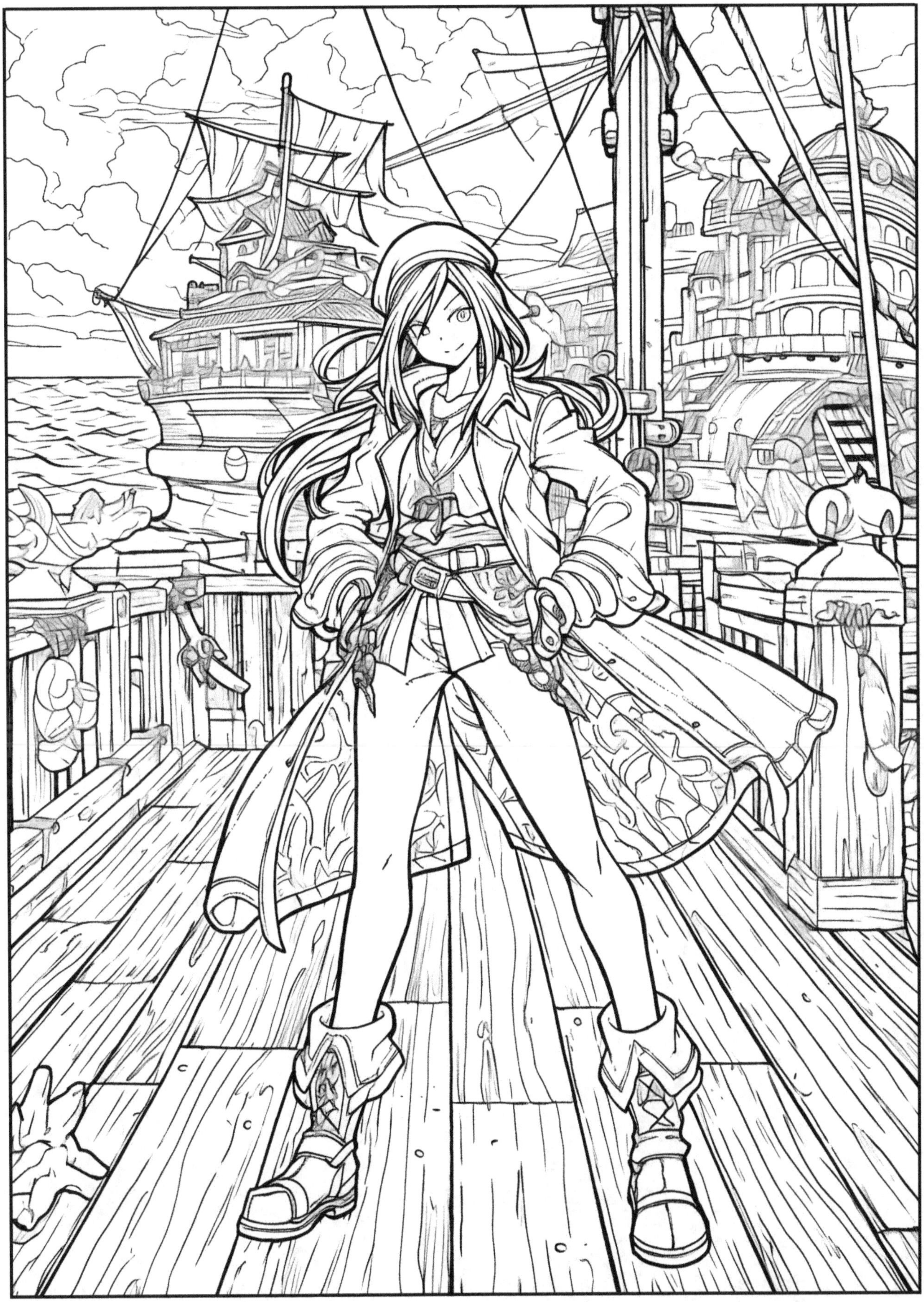

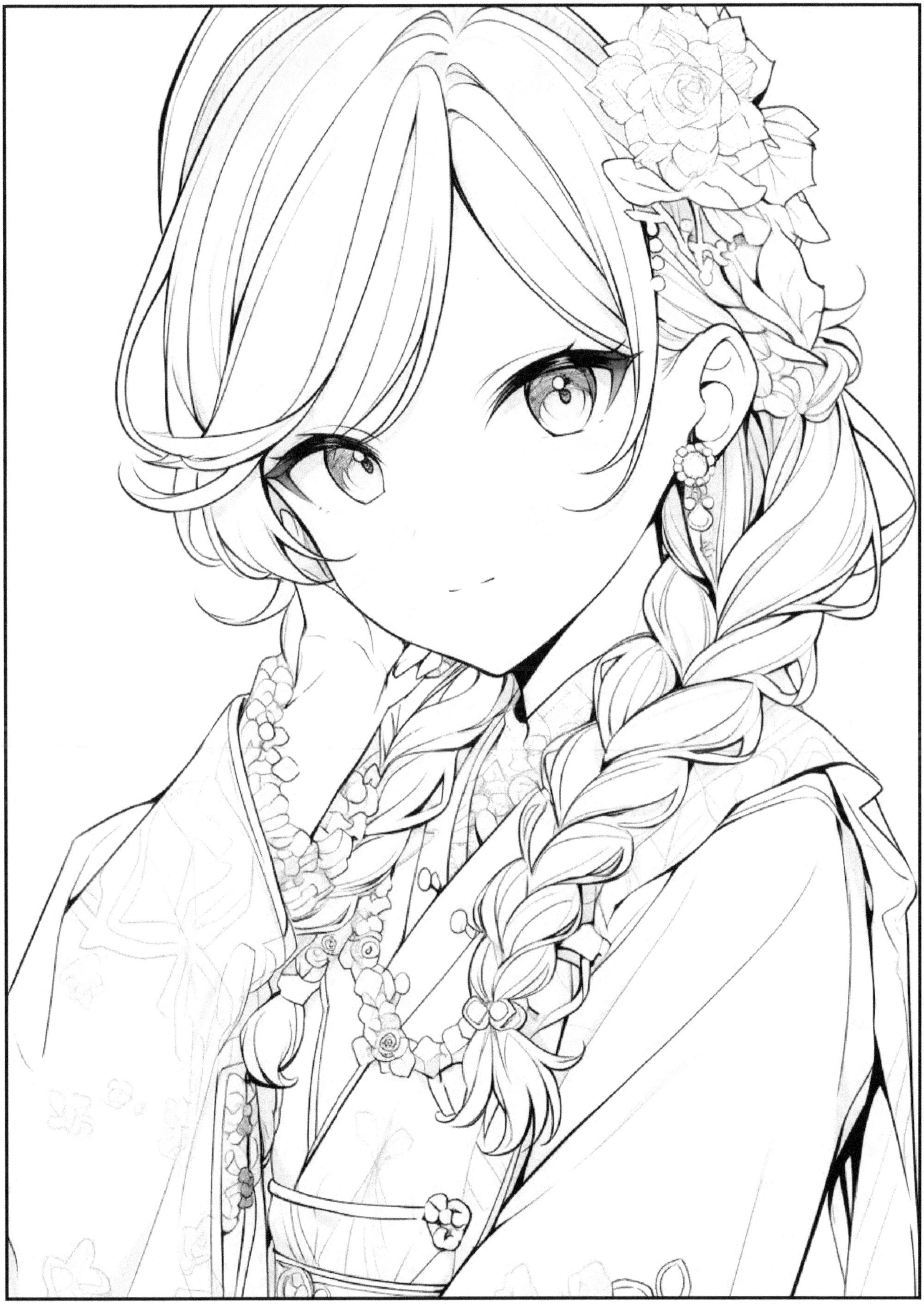

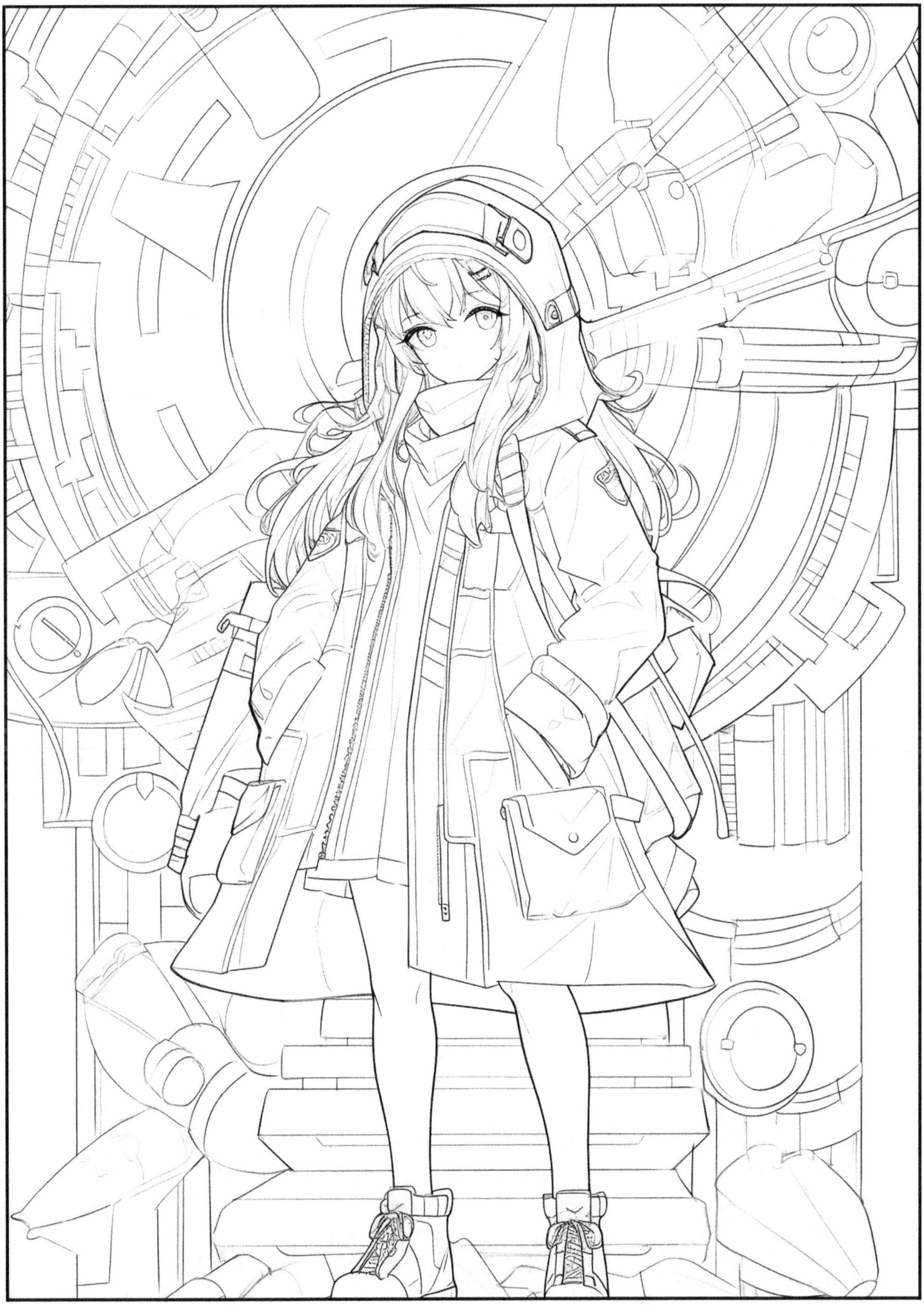

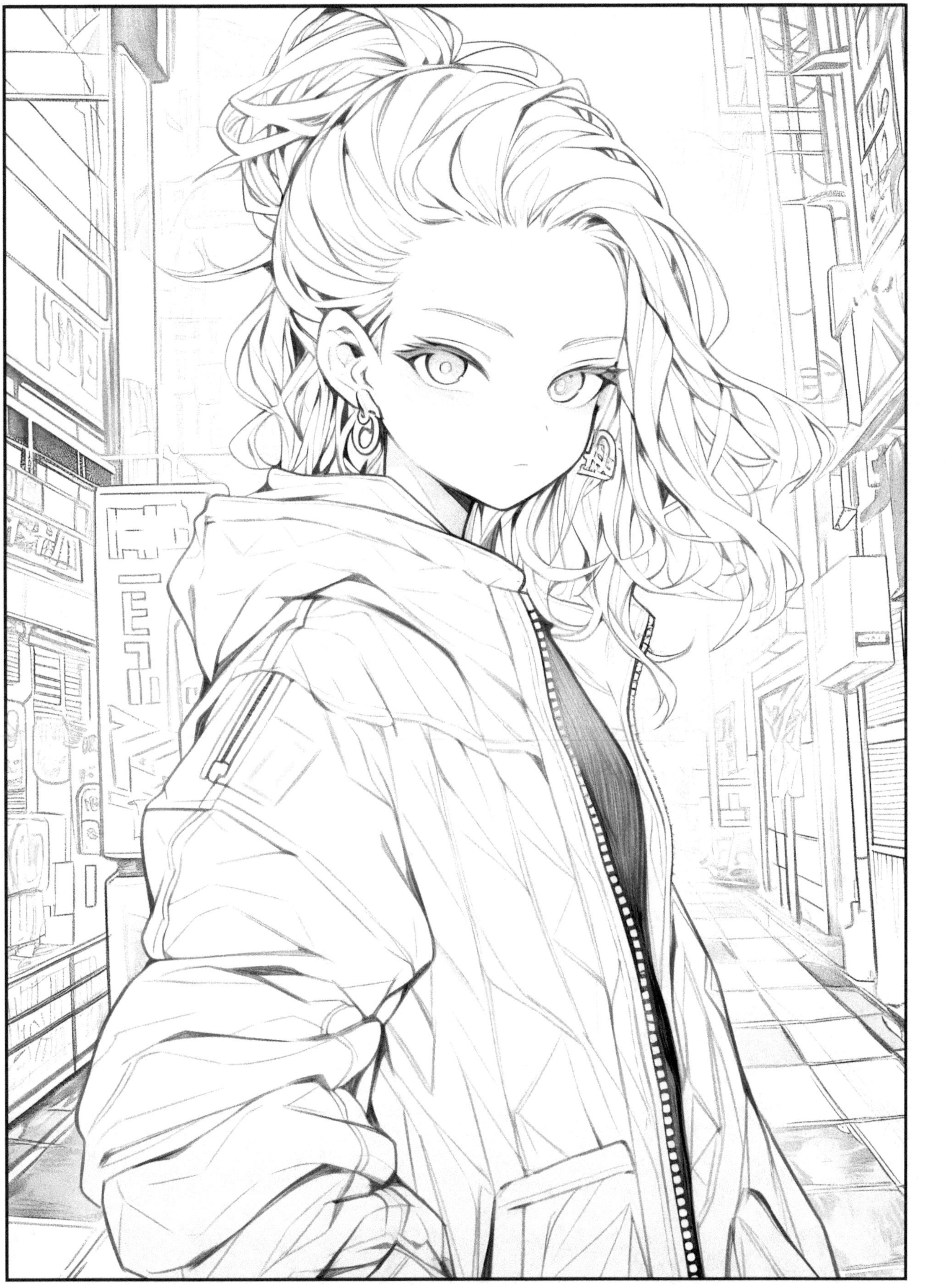

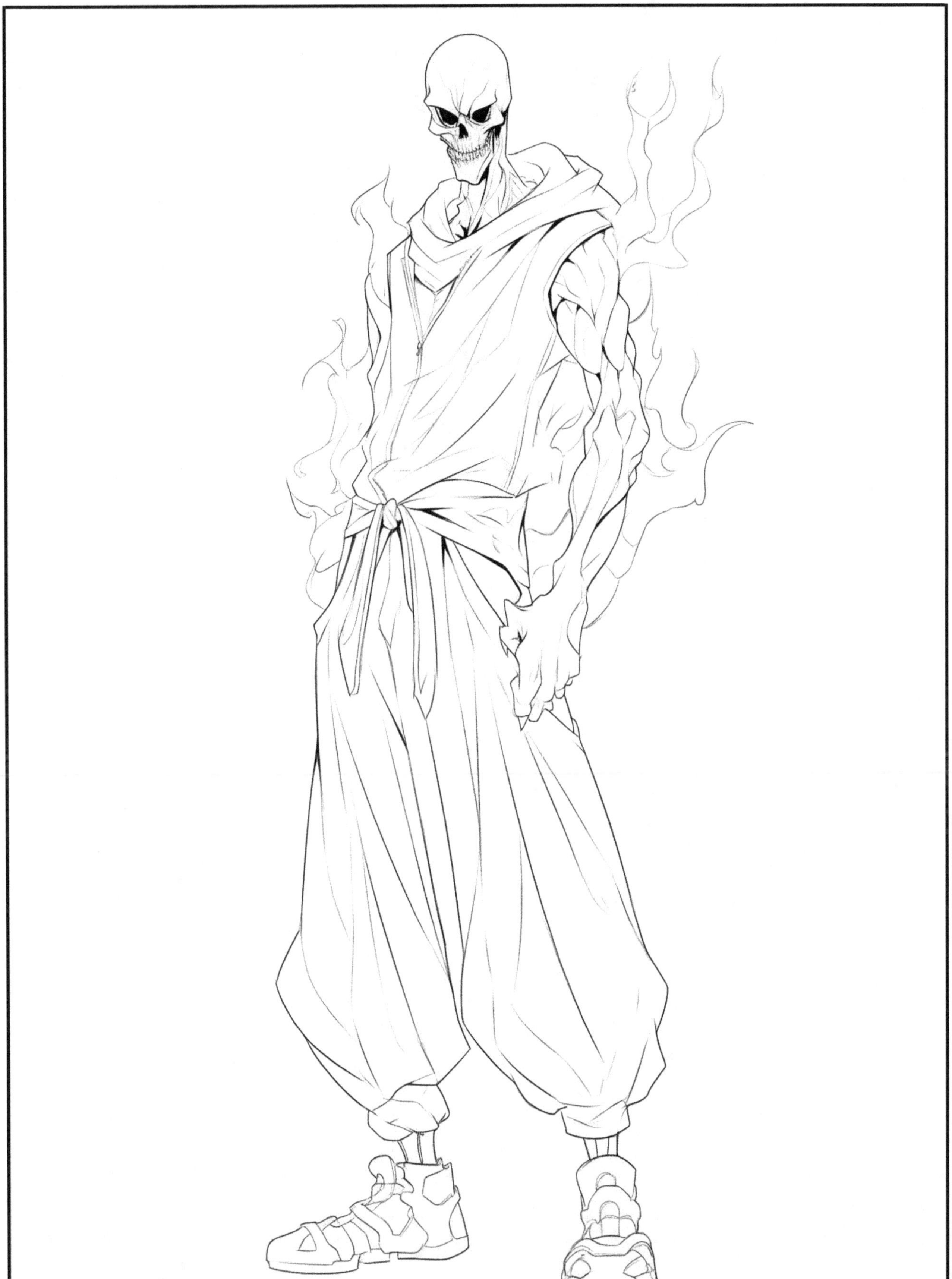

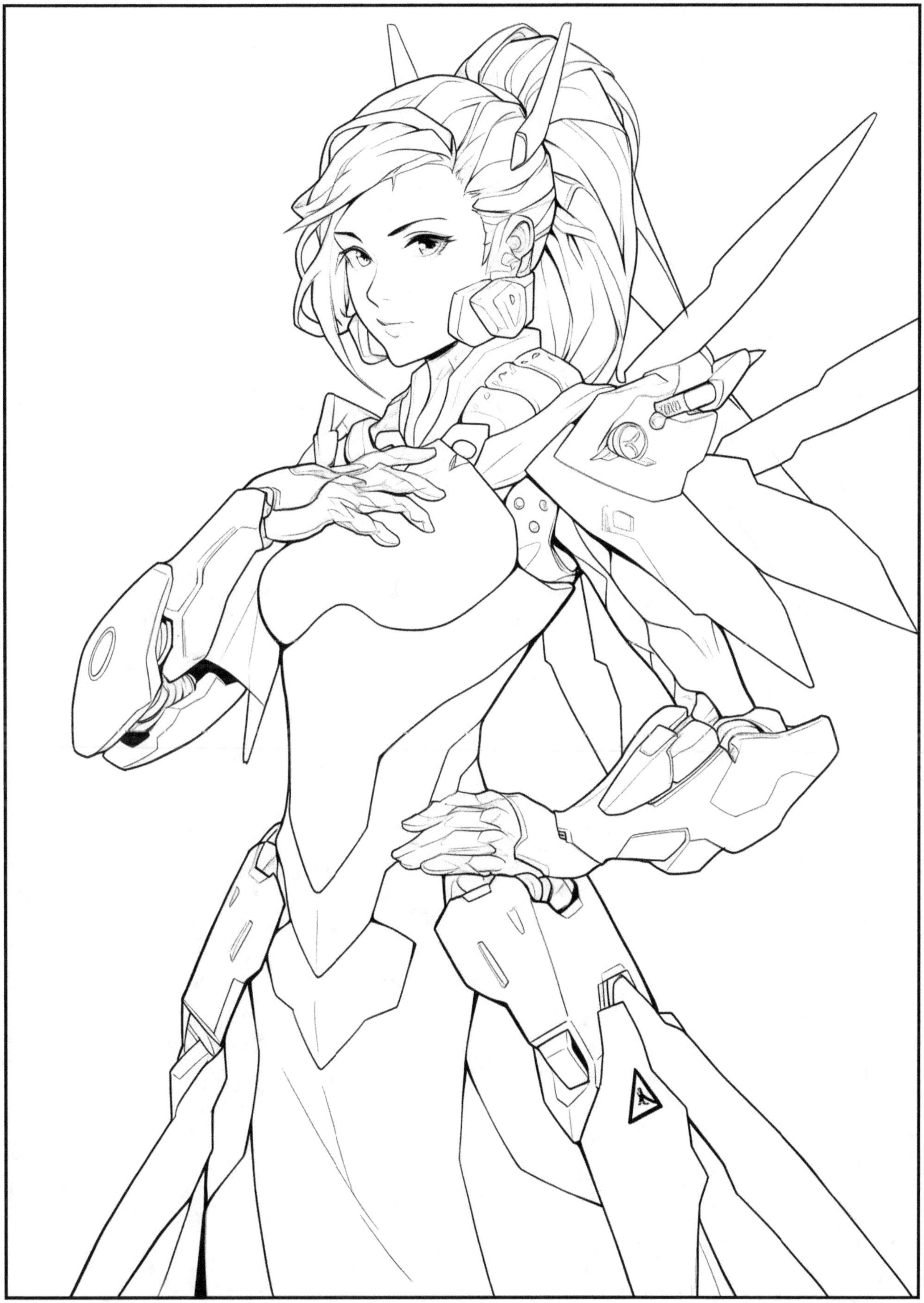

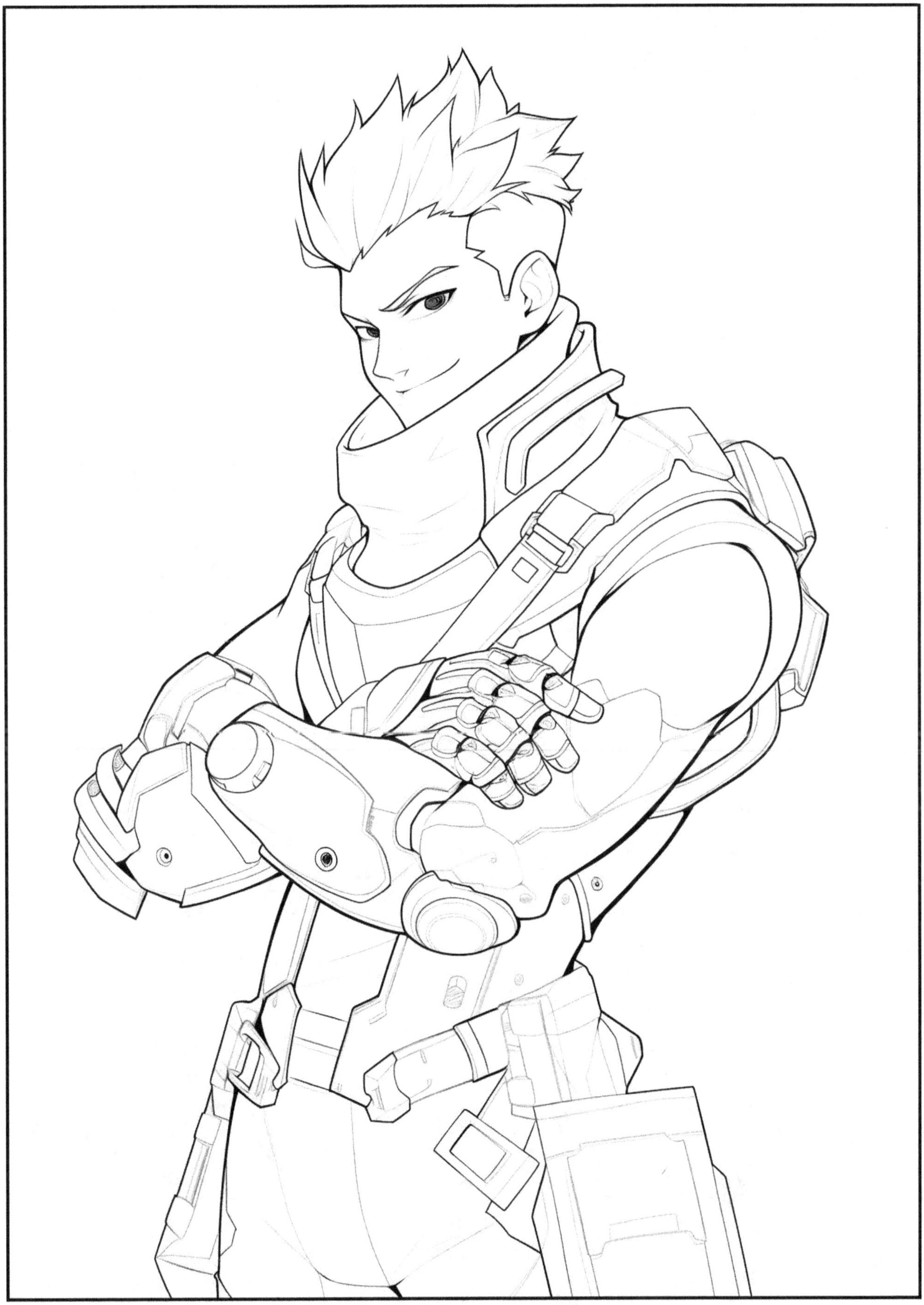

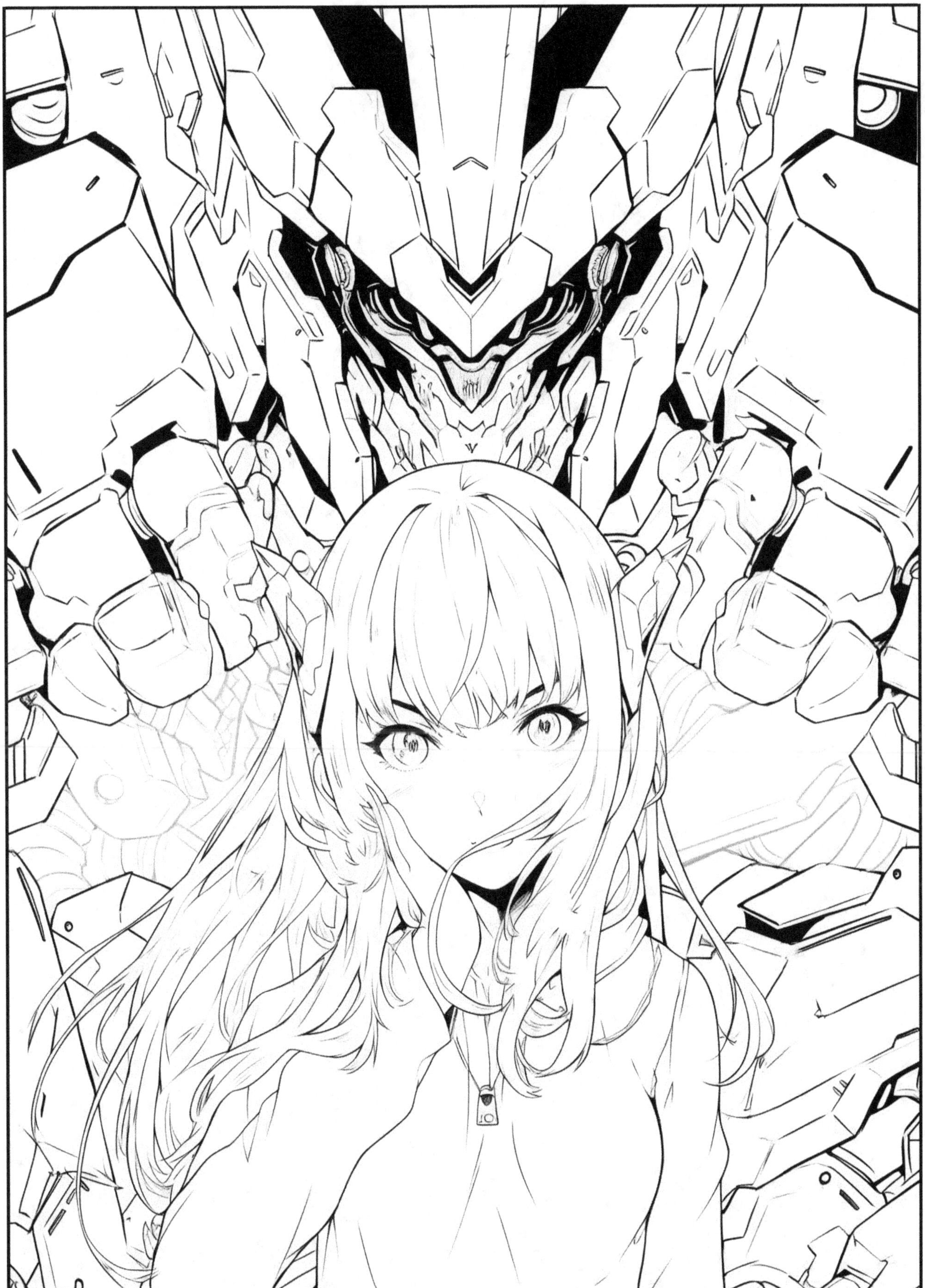

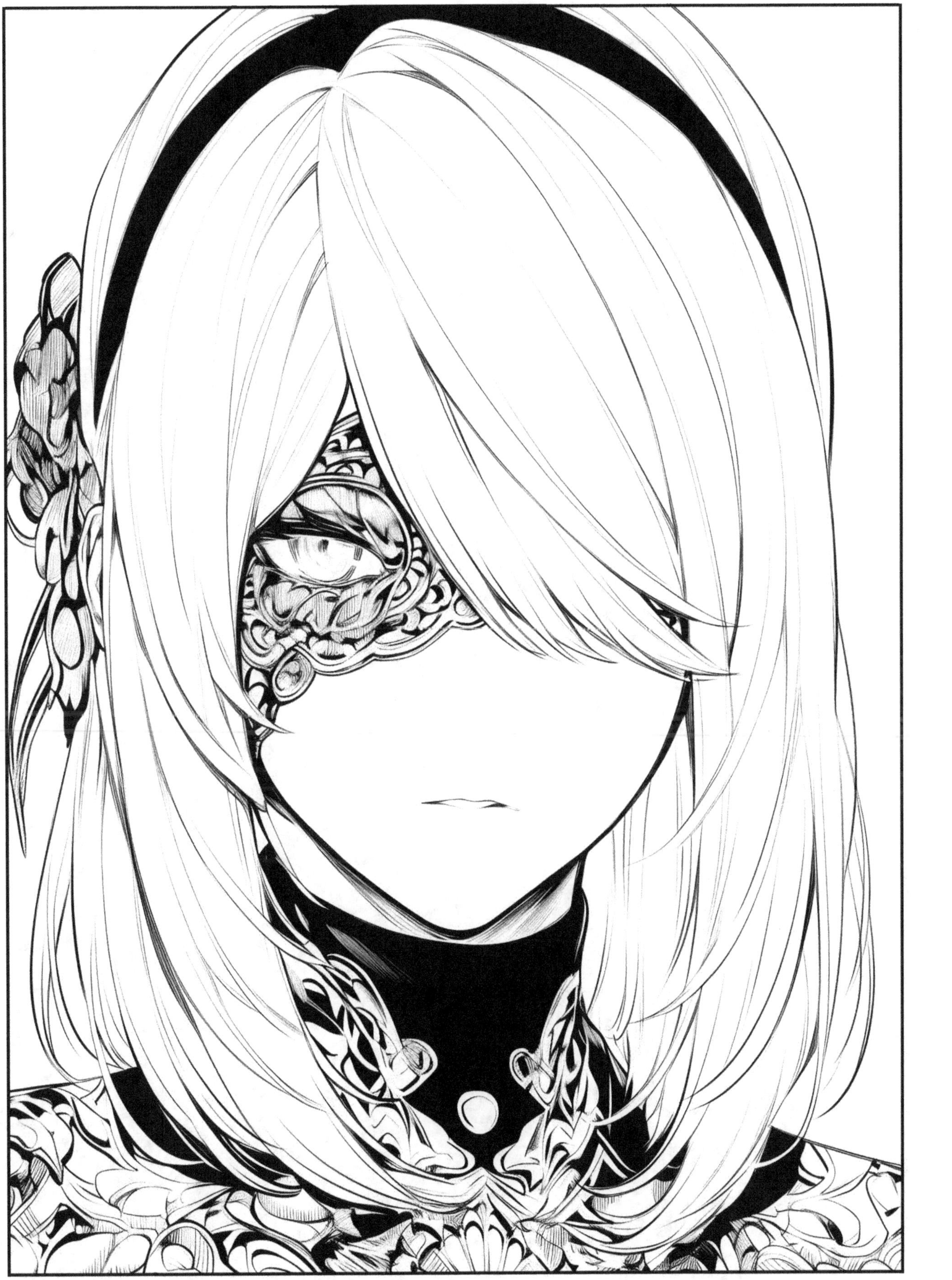

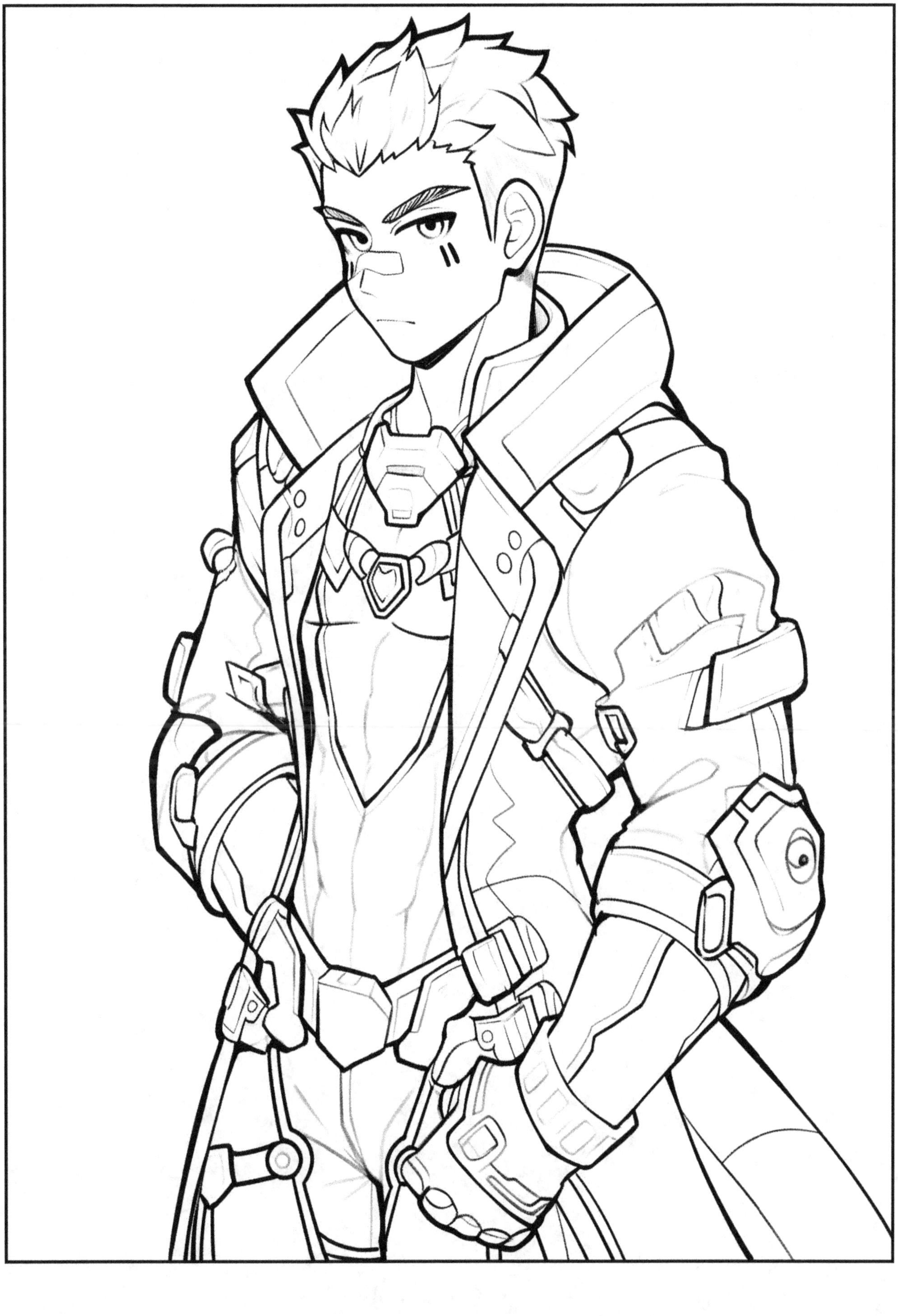

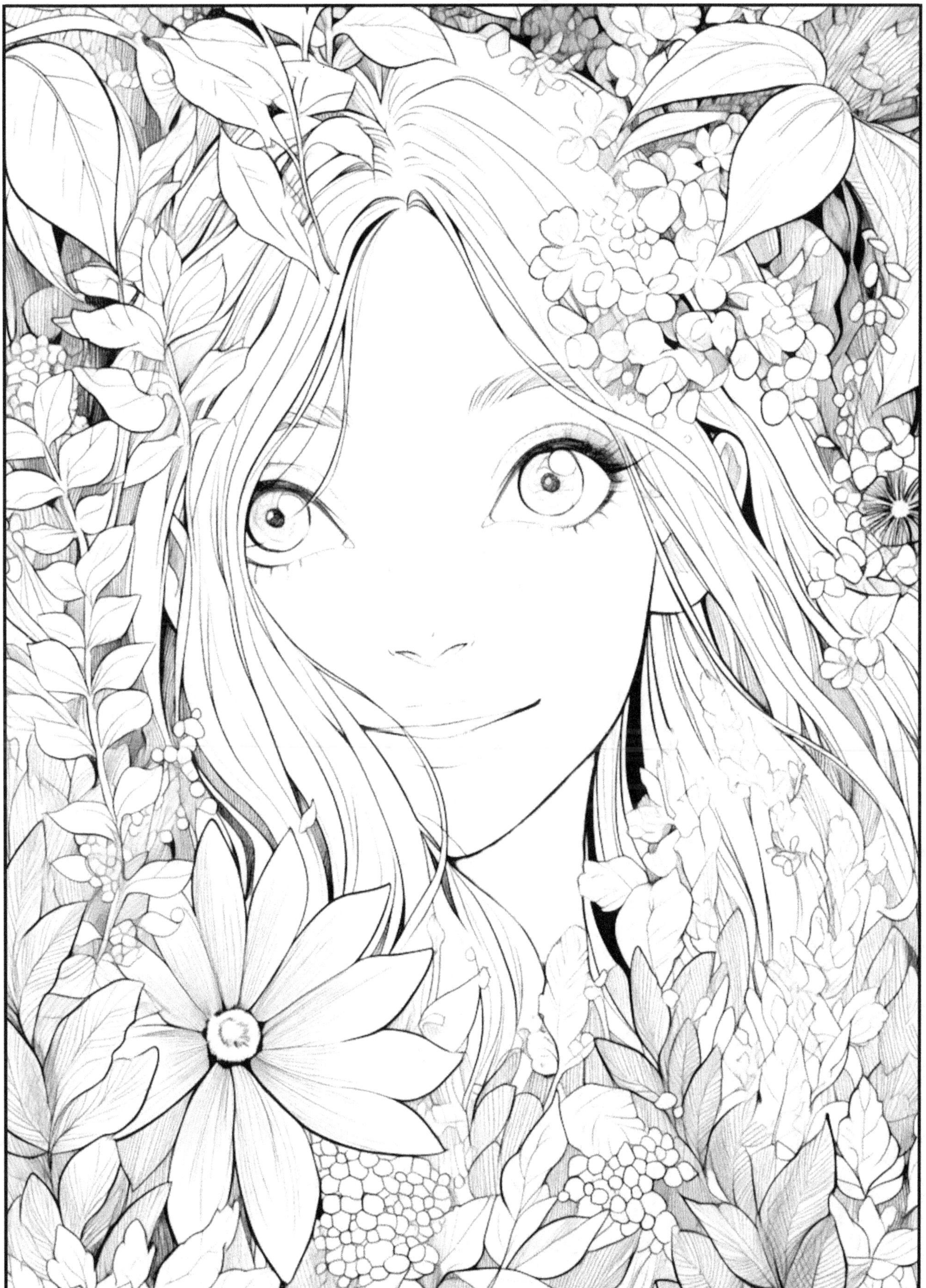

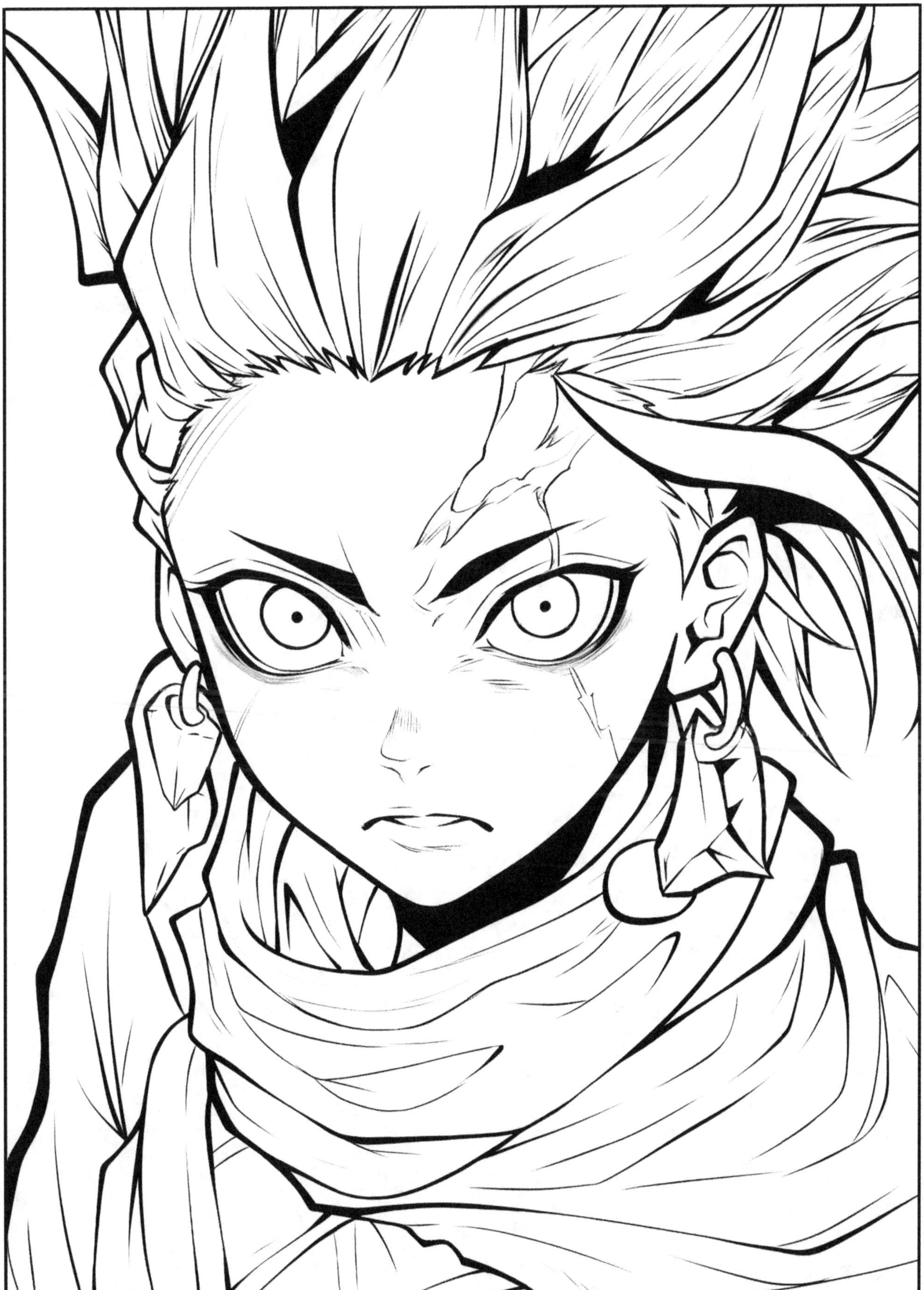

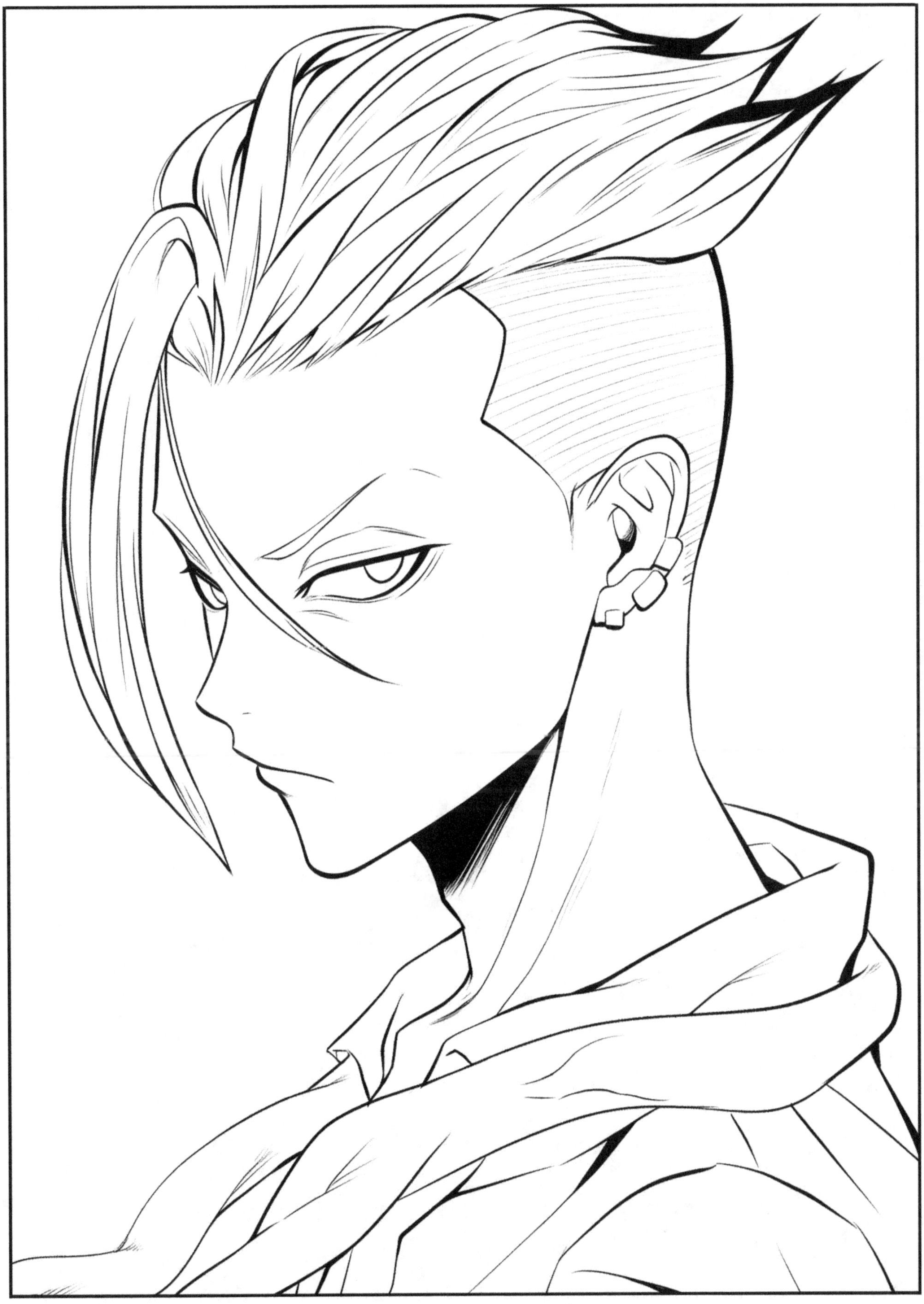

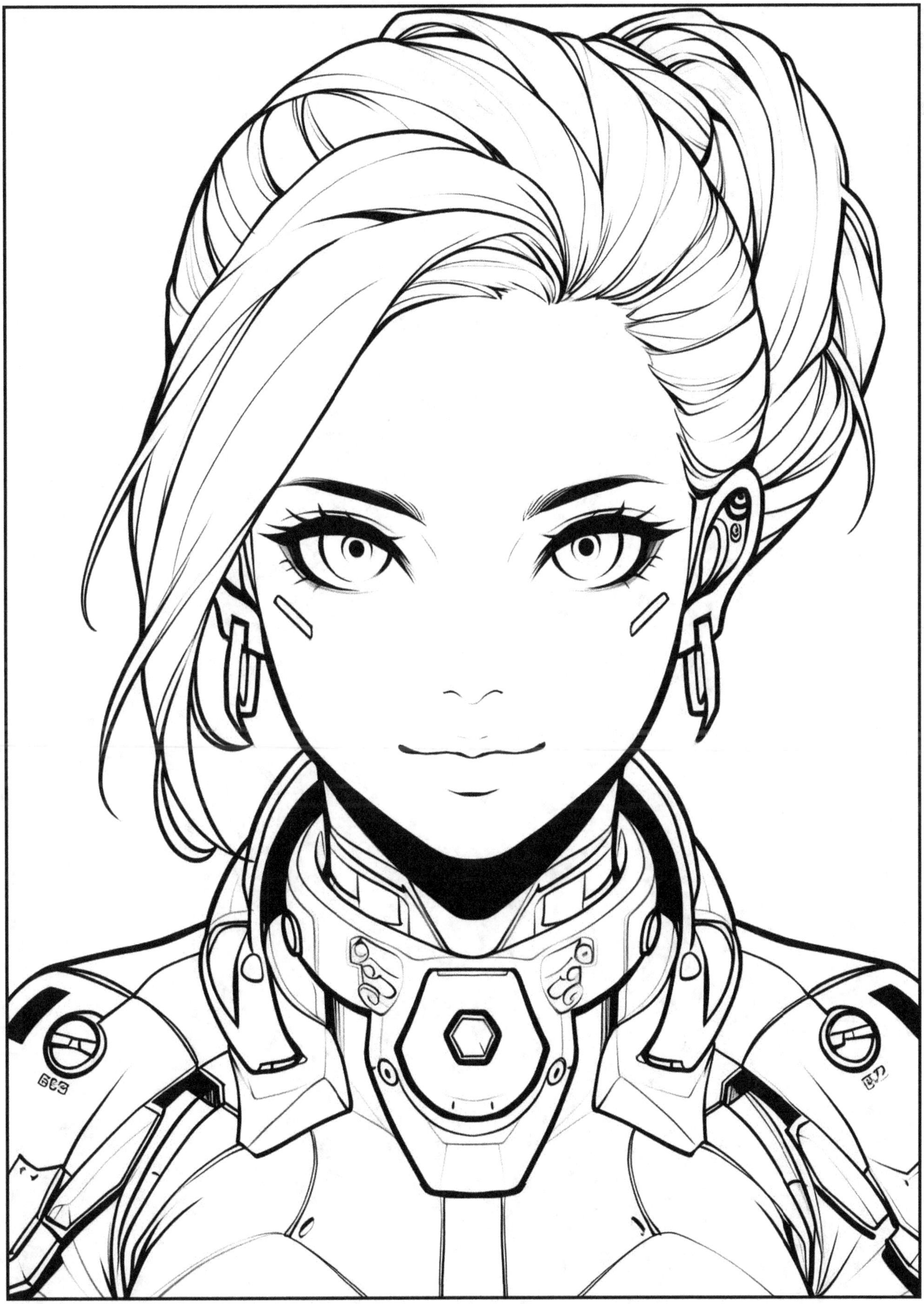

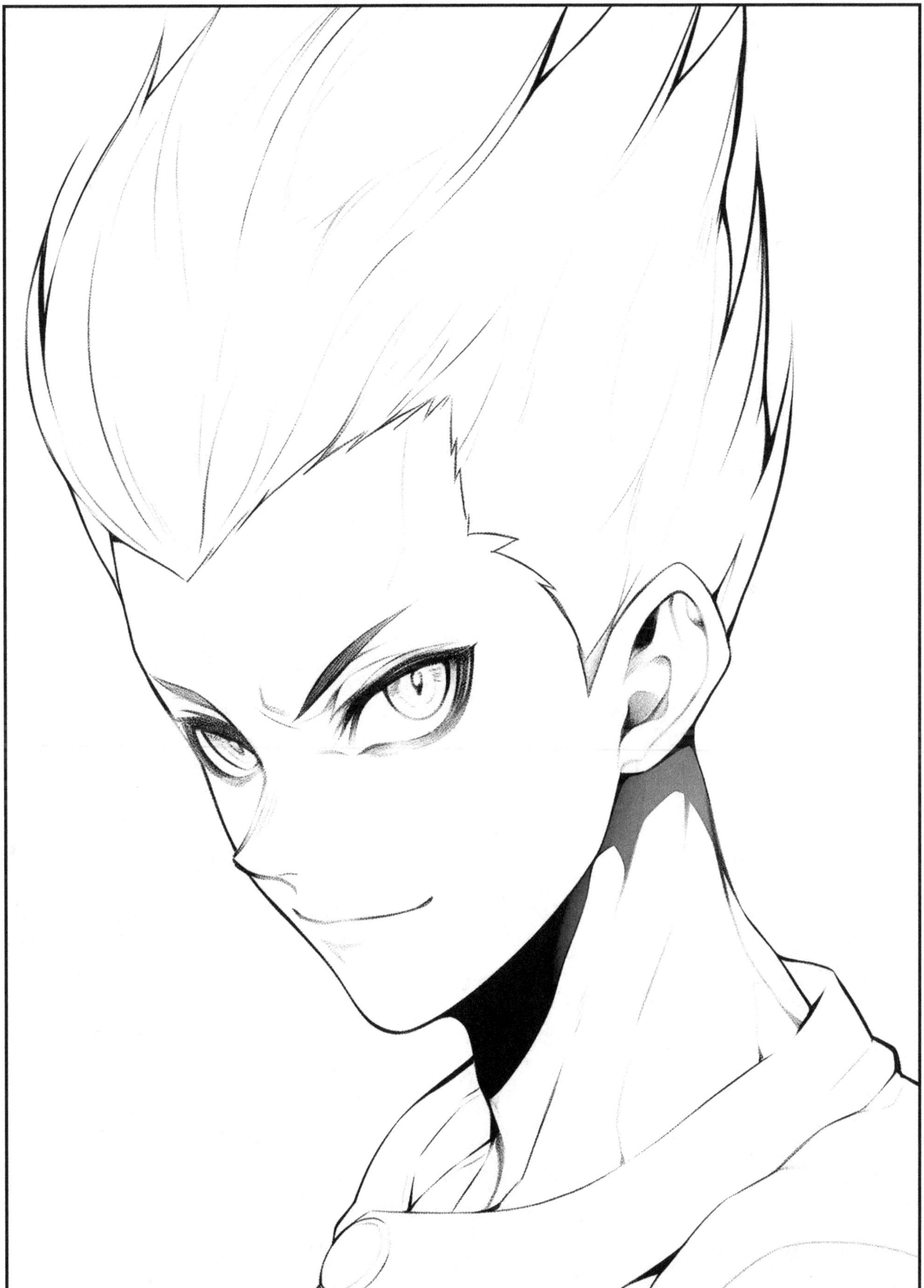

www.ingramcontent.com/pod-product-compliance
Lightning Source LLC
Chambersburg PA
CBHW080554220526
45466CB00010B/3147
* 9 7 9 8 3 9 5 5 0 3 7 3 2 *